なぜ大谷翔平は
メジャーを沸かせるのか

ロバート・ホワイティング Robert Whiting
阿部耕三［訳］ Abe Kozo

NHK出版新書
579

プロローグ

2018年、ロサンゼルス・エンゼルスのユニホームを着た大谷翔平《しょうへい》が投打の二刀流に挑戦すると宣言したとき、多くの人が「無謀」「無理」「不可能」と言い切った。あの野球の神様、ベーブ・ルース以来100年間、誰も挑戦しなかった二刀流を成功させるには、文字通り2人分の体力と精神力が求められる。

私も、二刀流を続けるのは至難のワザだ、と警告した1人だった。

ところが大谷は、100マイル（161キロ）の速球を投げ、500フィート（152メートル）の本塁打を放って、一躍スーパースターになった。野球に関する常識を、日本から来た23歳の若者に、いとも簡単に破られたショックが全米を襲った。

シーズン途中に大谷が肘《ひじ》を痛め、フィーバーはいったん収まったが、打者一本となった大谷がそこから本塁打を量産すると、米スポーツメディアはこれ以上ない賛辞を贈るようになり、これがアメリカン・リーグ新人王の受賞につながった。

大谷は天才だ。しかも、確かな目標設定をし、不断の努力を難なく続けることのできる天才だ。だが、仮に彼が初めてメジャーに挑戦した日本人だったら、どうだったろうか。

野茂英雄が1995年にメジャーへの壁を破ってから四半世紀。数多くの日本人スター選手が海を渡り、成功と失敗を繰り返してきた。

天才・大谷の存在は、そうした先輩たちの成功と失敗の積み重ねの上にあることを、この本で解き明かして行きたい。さらに、戦後、米国から日本にやって来た数多くの助っ人〝ガイジン〟選手の存在がなければ、今の日本人選手の活躍もなかったことを強調したい。

手術明けの大谷は、2019年、DH（指名打者）一本でシーズンに臨む。大谷が投打の二刀流で真の成功を収めた、となるまでにはあと2年待たなくてはならない。可能性はある。だが、それを阻む要素は決して少なくない。そのあたりも詳しく述べていきたい。

大谷がルースのように〝野球の神様〟と呼ばれるのにふさわしい選手となることを願いながら。

2019年2月10日

ロバート・ホワイティング

なぜ大谷翔平はメジャーを沸かせるのか　目次

第4章 2人のパイオニアは何と闘ったか……159

本書には夕刊フジ掲載コラム「サクラと星条旗」を修正したものが含まれています。

校閲　福田光一
DTP　角谷剛

第1章 天才の驚異的な修正能力

1　常識が壊れた

破られてきた「限界」

大谷翔平より前にメジャーへ挑戦した男たちは、それぞれの「限界」に挑み、それをことごとく打ち破ってきた。

まず野茂英雄《ひでお》。1995年に「日本人はメジャーでは通用しない」という「限界」説を破って新人王に輝き、ノーヒットノーランを2度達成した。ついで2001年、イチローが「打者はメジャーでは通用しない」という「限界」説を破り、新人王とMVPを同時受賞。さらにメジャーの年間最多安打を達成した。松井秀喜《ひでき》は「日本の打者は長打を打てない」という「限界」説を破ってニューヨークの人気者になり、09年にはワールドシリーズMVPに輝いた。

大谷はこの流れを受けて登場する。2018年、彼は投打の二刀流に挑んだ。ベーブ・ルース（1895～1948）以降100年間、誰も挑むことのなかった大きな大きな「限界」だ。「二刀流はメジャーでは絶対に成功しない」「いずれは投か打か、どちらかに落ち着く」という周囲の声をよそに、大谷は投打で高いレベルのパフォーマンスができることを内外に見せつけた。

最初は二刀流を「ジョーク」と受け止めていた米メディアは大きなショックを受け、4月と5月の報道は大谷一辺倒となる。6月に右肘を痛め、投手・大谷が〝消滅〟するとチーム成績も下降線をたどったが、誰もがエンゼルスを顧みなくなった8月以降、打者・大谷が大活躍。本塁打は20本を超えた。2018年シーズン終了時には各メディアが「大谷こそ新人王にふさわしい」と書き立て絶賛する。誰もが「不可能」と思った二刀流を成功寸前にまで持っていけたことを、米国の辛口評論家たちでさえ認めた証だった。

右肘にはトミー・ジョン手術[*1]が施され、2019年シーズンは打者一本で行くことに決定。投手・大谷を見られるのは20年以降に持ち越された。しかしこの時点でまだ24歳。この100年間、大リーグ関係者が考えもしなかった二刀流に挑んだ日本の若者の挑戦が、2年後や3年後、どういう結果になっているのか。私たちは現在進行形で〝大谷劇場〟の目撃者になろうとしている。

＊1　投手によく施される、肘の靱帯を再建する手術。最初に受けた投手の名にちなむ。

乱高下する評価

海を渡ってきた23歳の青年に対して、米国のメディアは開幕当初、ジェットコースターさながらに評価を乱高下させた。

春先は「高校生クラス」「マイナーチームでのスタートが妥当」「スタミナがない」などの意見が主流を占めた。ところが4月1日、オークランドでのアスレチックス戦で投手デビューすると、1回に速球がレーダーガンで100マイル（161キロ。時速、以下同）を計測。これに加えてキラー・スプリッター[*2]、68マイル（109キロ）のカーブで試合を支配し、6回を3安打3失点6奪三振に抑えて、初登板で初勝利を挙げた。エンゼルスOBで中継解説者のマーク・グビザは、大谷のスプリッターを「球界最高」と表現した。サイ・ヤング賞[*3]投手のようなピッチング。唯一のミスは、マット・チャップマン[*4]に投じた82マイル（132キロ）のスライダーを左翼スタンドに叩き込まれたことだったが、米メディアは好投を絶賛した。

ロサンゼルス・タイムズ紙は「まだ欠点はあるが将来のスーパースターだ。そうなるまでに数カ月かかるか数年かかるかは分からないが、エンゼルスが辛抱強く待てば必ずそうなる。100マイルの速球があれば小さなミスが致命的なものになることも少ない」と、投手として高く評価した。サンフランシスコ・クロニクル紙は「ベーブ・ルースの時代を思い出させる。ここまではとてもいい。21世紀の和製ベーブ・ルースが20世紀のベーブ・ルースに匹敵する選手になるかどうかはまだ不明だが。球場を出ればパーティーと女遊びにかまけた『バンビーノ』(ルースのこと)のようには、大谷はなりそうもない。いずれにせよ、間違いなく〝見て楽しい〟選手だ」とした。

スポーツ専門テレビ局のESPNは「開幕前の宣伝は誇大広告ではなかった。100マイルが2回、平均

メジャー初登板のアスレチックス戦4回裏、2回裏に3ランを打ったチャップマンを空振り三振に打ち取る大谷。2018年4月1日(朝日新聞社)

＊2　スプリッターは人差し指と中指を広げてボールを挟み、あまり強い回転をかけずに投げる、打者の手元で落ちる変化球。日本で言うフォークにおおよそ該当する。

＊3　通算歴代最多511勝の同名投手にちなんだ、その年最高の投手に贈られる賞。

＊4　1993年生れの三塁手。2018年、打率・278、24本塁打、68打点、ゴールドグラブ賞。

97・8マイル（157キロ）で最後に投げた球が98マイル。すべてのチームが契約を夢見た投手そのもののピッチングだった。2回の失投のあと、がたつかなかったのも大きい。ただ打者としてはまだマイナーで500打席が必要なレベルだ。大谷が年間10勝と10本塁打できる選手になれるかどうか、じっくり見てみよう」。

史上最大のバーゲン

4月3日、エンゼルスの本拠地アナハイムに戻った大谷はクリーブランド・インディアンス戦に「8番・DH」*5で出場し、いきなり1回に相手先発ジョシュ・トムリン*6から右中間に3点本塁打を放った。メジャー初ホーマー。この時ベンチは新人選手の快挙に対して完全無視を決め込む恒例の「サイレント・トリートメント」を敢行したが、これに対して大谷が無邪気に同僚に祝福をせがむシーンは全米で好感を持たれた。その後、4日と6日にも本塁打を放ち、3試合連続本塁打を記録した。

メジャー2試合目の登板は4月8日、投手デビュー戦と同じオークランド・アスレチックス戦となった。ここで7回を1安打無失点、毎回の12奪三振の快投で2勝目を挙げた。メジャー2試合目のマウンドは、100マイルの速球とスプリットで相手打線を寄せ付けず、7回1死後初安打を許すまで打者19人を抑える完璧な内容だった。USAトゥデー紙はこの日の大谷について、「ほとんどパーフェクト。4万4742人の大観衆の前で100マイルの速球と悪魔のようなスプリッターで12三振を奪った」。

米大リーグは9日、プレーヤー・オブ・ザ・ウィーク(週間MVP)を発表し、大谷が初受賞した(期間は4月2日〜8日)。投打の「二刀流選手」の受賞は、同リーグが週間MVPを選び始めた1975年以来初めて。メジャー1年目の日本選手でいえば、4月上旬の選出は過去最速で、23歳9カ月は最年少となった。

これを受け、USAトゥデー紙は、「大谷はメジャー史上最も偉大なバーゲンになる」との見出しを掲げた。日本ハムへ

メジャー初本塁打後、サイレント・トリートメントののち祝福される大谷。2018年4月3日(朝日新聞社)

＊5　DH(指名打者)制度は、大リーグではア・リーグで1973年に採用。

＊6　1984年生まれの投手。2018年、2勝5敗、防御率6・14、46奪三振。

のポスティング・フィー[7]が2000万ドル（22億4000万円）、大谷との契約金が230万ドル（2億5800万円）、今季年俸は54万5000ドル（6100万円）、総額2285万ドル（25億5900万円）。ニューヨーク・ヤンキースが田中将大投手に投じた7年総額1億5500万ドル（当時178億円）に比べると相当な割引価格だ。

4月4日、サイ・ヤング賞投手のコーリー・クルーバー[8]から本塁打する直前、野球データ専門サイトの1つ「ファングラフス」は大谷のWAR（同ポジションの代替可能選手[9]に比べてどの程度の勝利数が望めるか）が3だとした。WARで1の選手を獲得するために750万〜1000万ドルが必要とされる時代。大谷のWARが3以上で推移すれば、エンゼルスはメジャー史上最も割安で優秀な選手を獲得した球団になる。同サイトは「すべては大谷がフリーエージェント（FA）になる前にメジャー行きを決断したからだが、大谷は皆が2017年冬に噂した通りの活躍を見せ始めた。彼の可能性は無限だ」とした。

結局WARはいくつになったのか？　2018年9月、大谷は全162試合を終えて、WAR[10]はベースボールレファレンスの評価で3・9。ファングラフスは3・8で、メジャー全体の58位の評価だった。それも主要な評価（打者として）では2・8だが、投手・大谷を考慮してトータルすると3・8になるとした。

評価方法も規格外

スポーツ・イラストレーテッド誌[*11]は「4月の成績だけで判断するのは早いが、大谷は野球界のベストプレーヤーに見える。MLBは野球というゲームそのものを変えるスーパースターを見つけたのかもしれない」。春のキャンプの不振から「大谷はメジャーで通用しない」と書いたヤフー・スポーツのジェフ・パッサン記者はブログで異例の謝罪をした。「Dear Shohei I Was Wrong.（僕は間違っていました。）この仕事で間違った記事を書くのは最悪だが、春のキャンプの結果でそれをやってしまった」。

＊7　いわゆるポスティング（入札）制度において、選手の獲得を望む球団が選手の現所属球団に支払う金額。

＊8　1986年生れ。2018年、20勝（ア・リーグ2位）7敗、防御率2・89（同5位）、222奪三振（同5位）。サイ・ヤング賞を2度受賞。

＊9　代替可能選手（replacement）とは、マイナーから昇格したばかりの選手など「平均以下」のレベルとされる選手を指す。そうした選手が出場した試合と、比較対象選手が出場した場合の勝利数の差がWAR（Wins Above Replacement）となる。

＊10　先述のファングラフスと並ぶデータ専門サイト。

＊11　スポーツ専門の代表的な週刊誌。1954年創刊、発行300万部超とされる。その時点で最も活躍しているアスリートを表紙に掲載することと、水着特集号で有名。

大谷の予想以上の活躍に、ワシントン・ポスト紙は困惑したようにこう記している。「大谷は二刀流であることから規定打席[*12]に達せず、投球回数[*13]も限られる。全米野球記者協会（ＢＢＷＡＡ）[*14]は、ＭＶＰ部門で１００年ぶりの二刀流をどう評価するのが妥当なのか、新たな算定法の作成を迫られるかもしれない」。大谷の二刀流が大リーグの賞レースへの考え方を変えようとした瞬間だった。大リーグのマンフレッド・コミッショナーが4月11日、ロサンゼルスで取材に応じ、大谷を「おそらく今の大リーグで最大のストーリー（成功物語）だ。素晴らしいデビューだ」などと称賛した。

長いメジャーの歴史でも、ベーブ・ルースを最後に、本格的な二刀流を成功させた選手は皆無。同コミッショナーは「特別な才能があるからこそ、二刀流でプレーする機会を与えようとしたメジャー球団が複数あった。多くの人々が刺激を受け、同じようにやってみようとする選手が出てくるかもしれない。違うことが起こるというのは、どのスポーツにとっても喜ばしい」と、二刀流が新たな潮流になる可能性も示した。

なぜ評価を誤ったのか

開幕前の、大谷への評価がここまで間違っていた原因は何か？　おそらく大谷が２０１

7年、日本ハムでわずか登板5回、25回3分の1しか投げず、まだサビついていたのが、オープン戦の惨《みじ》めな結果であり、評価を誤らせた原因と思われる。

日米のボールの違い（メジャーのボールは5％重く、外周も2・6％大きい）や、硬いマウンドなどが全力投球を阻んでいたのかもしれない。食事、飲み物、言葉などあらゆるカルチャーの違いに慣れる必要があり、時間がかかる。そうしたこともあってか、マウンド上の投球フォームはぎごちなく、打席では我慢が足りなく見えた。打撃も冴えず、マイナー送りを予想する声が相次いだ。米国の投手は情け容赦なく内角を攻める。足をあげてタイミングを取る大谷の打撃は永遠にメジャーの球を打てないように思われた。

しかし大谷は開幕直前、コーチのアドバイスで、右足を上げるスタイルからすり足に変えた。それで4月3日から3連続本塁打を放ったことは先述の通り。1本目は内角低めのカーブをゴルフスイング。2本目は外角を左中間に。3本目はセンターへ450フィート

＊12　プロ野球と同じく大リーグも規定打席数は試合数×3・1で、502打席。大谷は367打席だった。
＊13　プロ野球と同じく規定投球回数は試合数×1・0で、162回。大谷は51回3分の2だった。
＊14　The Baseball Writers' Association of America の略称で、最優秀選手（MVP）、最優秀新人選手（新人王）、サイ・ヤング賞などを選出する団体。

（137メートル。この時点でMLB全体の7位）の飛距離だった。

春のキャンプでESPNの解説者デビッド・シェーンフィールドは「メジャーのスイングをするため、マイナー（3A）[*15]で2、3カ月修業すべきだ」としたが、開幕から1週間後、彼は前言を取り消し、大谷称賛者に転向した。「大谷はメジャーで最高のアスリートかもしれない。投打での才能をマックスの状態で発揮している」。「3A」から「メジャー最高の選手」とはものすごい変化だ。野球は本当に複雑なスポーツ。開幕前の各種賞レースや優勝予想は外れるケースの方が多い。

「体重を増やすべし」

デビュー当初の大谷について私が強く賛同する見方がある。紹介しておこう。私の古い友人でアスレチックスを中心に西海岸の野球を長く見続けてきたスティーブ・アイゲンバーグはこう言った。「私は大谷のメジャーデビューで投と打の両方を目撃した。予想していたよりは細身だという印象。身長はいいが、体重は少し足りないと感じた。投球フォームが非常にスムーズなのには感心した。長い間メジャーで活躍できる投げ方だ。アスレチックス打線は決して強くはないが、マット・チャップマンに投げた失投（4月1日。3点本塁打を浴びた）以外はシャープだった。6回で降板したが、もっと投げられそうだった。ただエンゼルスは大谷の健康維持に非常に慎重で、今後も球数制限と中6日のローテーションを続けそうだ。しかし100マイルの速球とあのスプリットを持った投手なら、誰でもMLBで勝てる。1つ重要な警告をしたい。大谷はもっと打者の内角を攻めるべきだ。内角の高め。必要ならぶつけることもいとわない神経がいる。日本では歓迎されないが、MLBでそれが出来なければ尊敬の念を得られない。どうだろう、できるだろうか」。

ついで打者・大谷について。「DHとして非常に才能があり、集中力がある。もっと体重を増やして守備もすれば、打者としての方に潜在能力があると大谷自身も気づくのではないか。今のところ外野ポジションは埋まっており、投げないときの唯一の守備位置は一塁だけだが、彼をDHだけで起用するのはいいことではない。打席に立つのが週に1、2試合だけというのもよくない。しかし最終的に主体は投手になるだろう。全体的にみて親しみのもてる若者で、メジャーで長く活躍できそうだ。もう少し筋肉をつけ、今より20〜25

＊15　マイナーリーグ（7段階ある）のうち、最上レベルのチームで構成されるリーグ。AAAとも表記する。パシフィック・コースト・リーグとインターナショナル・リーグの2つがあり、エンゼルス傘下のチームは前者に属するソルトレイク・ビーズ。

ポンド（9～11キロ）体重を増やした方がいい。ハイスクールのティーンエージャー並みの体ではメジャーの6カ月はもたない。特に真夏の酷暑と湿気を考えると」。

カンザスシティでの試合が極寒により中止となり、スライド登板*16となった4月17日のボストン・レッドソックス戦ではスプリットを操れずマメを悪化させ、2回（4安打3失点）でKO降板した。いずれは来ると皆が予想した最初の壁。「大谷はベーブ・ルースではなくベーブ（赤ん坊）だった」など辛口のコメントが寄せられたが、3月のキャンプ中に米メディアからなされた大バッシングに比べると批判はおとなしかった。

大谷の驚異のデビューで分かったことは、彼は挑戦者だということだ。真のヒーローは難関に勇気を持って挑戦する。それこそが大谷が米国でやったことだった。

私心の少ないメジャーリーガー

ライマン・ボストックという名前を聞いたことがあるだろうか？　1975年から77年までミネソタ・ツインズで、78年にはエンゼルスでプレーした外野手で、自分のプレーに見合わないとしてサラリーを返すと申し出た唯一のメジャーリーガーだ。

アラバマ州出身のアフリカ系米国人で、父ライマン・ボストック・シニアは1938年から54年までニグロ・リーグ[*17]でプレーした。息子ライマンはカリフォルニア州立大学ノースリッジ校野球部のスター選手で学生運動にも参加。在学中にツインズから指名され、マイナーを経て75年にメジャー昇格。98試合で打率・282を記録した。

6フィート1インチ（185センチ）、180ポンド（82キロ）。中堅手として堅実な守備を誇り、なかなかのイケメンで女性ファンも多かった。翌年、フルシーズンを戦ってスターダムを駆け上がり、77年には打率・336、打率部門でチームメイトのロッド・カルー[*18]に次ぐアメリカン・リーグ（以下ア・リーグ）2位の成績を収めた。

同年11月、導入されて間もないFA制度を利用してエンゼルスの指名を受けた。年俸は前年の2万ドルから一気に45万ドル（当時1ドル240円で約1億800万円）に跳ね上がり、FA制度を利用して高額契約を結んだ最初の選手の1人となった（ちなみに1978年の日本プロ野球最高年俸は当時38歳の王貞治で推定7740万円）。

*16　先発予定の試合が中止になった場合、その投手を次の試合で登板させること。先発は通常前もってローテーションが組まれているため、当初の予定がずれることになる。
*17　黒人選手だけのリーグ。1960年までに消滅した。
*18　1945年生れの元内野手。ツインズ時代の77・78年に2年連続で首位打者。野球殿堂入り。

1978年、開幕から大きく出遅れ、4月は打率・150と不振を極めると、「4月の給料を返還したい」とチームに申し出た。「自分の成績はもらっている給料に見合わない」という理由だった。チームがこれを拒否すると、ボストックは4月のサラリーを慈善事業に寄付すると宣言。数千件のリクエストの中からよく調べた上で、もっともふさわしいと判断した案件に最終的に5万ドル（当時1200万円）以上を寄付した。

その後は調子を取り戻し、6月には打率・404を記録。シーズンを打率・296で終えた。打撃10傑にはわずかに届かなかったが、当時のエリート選手、ロッド・カルー、ピート・ローズ、デーブ・パーカー、ジョージ・ブレットらと肩を並べる存在となった。

不幸にもシーズン終了直前の1978年9月23日に射殺され、27歳で生涯を閉じた。シカゴ・コミスキー・パークでのデーゲームを終えた後、おじの運転する車の後部座席に乗り込んだ。助手席にはおじの女友達。後部座席には、その女友達の妹が腰掛けていた。車がインディアナ州ゲーリーの信号で止まったとき、別の車が横付けし、運転していた男が、ボストックのいた後部座席を目がけて410口径のショットガンを発射。銃弾はボストックのこめかみに命中し、彼は2時間後に死亡した。撃ったのは後部座席にいた女性の元夫で、名前はレオナルド・スミス。裁判でスミスは「元妻を狙ったが外れた」と証言。「妻の不倫に激しく嫉妬して極度の心神耗弱《こうじゃく》状態だった」と主張し無罪。精神科病院に1年9カ月収容されたあと釈放され、64歳まで普通の暮らしをし、心臓発作で死亡した。

日本人選手の金銭感覚

ボストックの給料返上の申し出は私心のない行為で、MLBでは極めて希《まれ》だ。特にFA制度ができて選手の年俸が急騰し、強欲さが前面に出るようになった時代背景を考えるとなおさらだ。長い間、私はそうしたことを考えていなかったが、2014年12月に黒田博《ひろ》樹《き》投手がヤンキースの契約を蹴って日本に戻ったことで、このエピソードを思い出した。黒田がボストックのようにシーズン中にサラリーを返上したことはない。だが、彼の行動はボストックに劣らず、驚くべきことだ。

黒田がもしヤンキースに残っていれば過去2年の実績から最低でも1600万ドル(当時17億9200万円)の年俸は確実視されていた。それを蹴って古巣の広島に年俸約4億円で戻った。金銭面でそこまでの犠牲を払う選手は希だ。

日米の野球の違いについては、以前から米国はカネのためにプレーするが、日本はそれ以上の何かのためにプレーするといわれてきた。その何かとは、チームへの忠誠心だったりするとされたが、それが何であれカネは二の次となる。

その結果、メジャーでは強い選手組合がしばしばストを打って、FAまでの年限を6年に短縮するなど、選手が厚遇を受ける土壌を次々と確立し、今や選手の平均年俸は400万ドル（4億3600万円）に達した。一方、日本の選手会は2004年こそ2日間のストを打ったが、選手の待遇はMLBにはるかに及ばない。

私は長嶋茂雄が、選手が契約を保留したり代理人を使ったりすることを「悪いこと」だと主張していたことを覚えている。王貞治は年俸交渉でもめることを拒んだ。工藤公康は、日本の選手にとってFA制度は、野球に専念しなければならない時期にカネのことを考え過ぎるのでいいことではないと言ったことがある。清原和博はストライキを「男らしくない」と言った。

そうした風潮も、野茂が日本を離れ、メジャーに挑戦したあたりから変わってきた。ポスティング制度を使ってイチローがシアトルに行き、松坂が5100万ドル（当時60億円）のポスティング・フィーでレッドソックスに移籍。ダルビッシュ有がそれを超える額でテキサス・レンジャーズに行った。ヤンキースは田中将大に総額1億7500万ドル（当時201億円）を投入。その田中がレンタルしたジャンボジェット機でニューヨークに乗り込んだときは日本だけでなく米国のメディアも眉をひそめた。それだからこそ、黒田のような選手がカネは二の次としたことが、とてもさわやかな気持ちにさせてくれた。

それから3年。大谷だ。あと2年待てば200億円が入るというのに、5000万円でエンゼルス入りした。ボストックどころの騒ぎではない。しかしカネに執着せず、野球で世界一になるためにメジャーにやって来た大谷は。誰よりも米国人のハートをつかんだ。

2年後か、3年後か。大谷はメジャーの頂点に立っているだろうか。

2　デビューまでの道をたどる

なぜエンゼルスだったのか

少し記憶をさかのぼってみよう。大谷が2017年暮れ、エンゼルスを選んだことには全米と日本中が仰天した。誰もが予想しないチームだったからだ。いったいどれだけの日本人が、エンゼルスと言われてピンと来ていただろうか？　ともあれ、その裏には大谷の代理人による早業があった。

メジャー行きの意思を表明した大谷に対してポスティングが行われ、本格的な獲得合戦が始まったのが２０１７年12月1日。こうした状況なら交渉は期限ギリギリの12月22日まで延々と続くはずだったが、驚いたことに大谷はわずか10日でエンゼルスに決めてしまった。すべて代理人、ネズ・バレロの功績だ。

バレロは米野球界で最も成功をおさめているエージェンシー「ＣＡＡ」の一員。これまでにアダム・ジョーンズ[*19]（ボルチモア・オリオールズ、２０１８年にＦＡ）、ライアン・ブラウン[*20]（ミルウォーキー・ブルワーズ）、アンドレ・イーシア[*21]（ロサンゼルス・ドジャース、２０１８年引退）、青木宣親《のりちか》らを担当してきた。米経済誌フォーブスによると、バレロがその時点までに得た報酬は総額２８９２万ドル（32億３９００万円）で、同誌の「スポーツ代理人ランキング」で16位。野球だけなら6位だ。

しかし自ら悲惨な目にも遭っている。１９８５年のドラフトでシアトル・マリナーズに入団。マイナー暮らしが続き、87年オフ、23歳のバレロ選手は、小銭を稼ぐとともに体を鍛えようと建設現場の仕事をしていたところ誤って足を踏み外し、10メートル落下してコンクリートの地面にたたきつけられた。臀部を激しくひねり、腰骨、肋骨が折れ、頭をケガした。「あの瞬間、野球人生が終わったと思った」とバレロ。しかしそこから這い上がり、野球教室を開いて成功。代理人のビジネスに身を投じた。

大谷の代理人を引き受けたバレロは、メジャー全30球団に質問状を送り、大谷をどう起用し、どう待遇するのか、英語と日本語で回答を求めた。過去にそのような例がなく、「傲慢」との声もあったが、希望球団はすべて回答した。大谷はこれらの回答を全ページ熟読したといわれる。その上で面談した7球団の説明には真摯《しんし》に耳を傾けた。

結果はすべての予想を裏切った。私を含め、誰もがヤンキースを本命視していたが、選ばれたのはエンゼルスだった。私の知る限りエンゼルスだと予測した人は皆無だった。

大谷は「(エンゼルスに)縁を感じた」と言ったが、早くから大谷に注目していたビリー・エプラーGM(ゼネラル・マネジャー)[*22]の存在と、マイク・トラウト[*23]がビデオ電話で入団を呼びかけたのが大きかったと思う。「1年じゅう練習をしていたい」(!)という大谷にとっ

＊19　1985年生れの外野手。2018年、打率.281、15本塁打、63打点。
＊20　1983年生れの外野手。2018年、打率.254、20本塁打、64打点。
＊21　1982年生れの元外野手。通算で、打率.285、162本塁打、687打点。
＊22　1975年生れ、2015年から現職。かつてニューヨーク・ヤンキースでのGM補佐時代に来日し、花巻東高校時代の大谷も視察していたという。

て気候が温暖なアナハイムは理想的だったといえる。また、地元メディアはニューヨークより寛容。球場近くにディズニーランドがあり、希望すれば海岸でサーフィンもできる（ただしこれらが練習好きの大谷にどれほどアピールしたかは不明）。エンゼルスが最も大谷を必要としたチームだったことも理由にあげられた。しかし、ここでは「二刀流を最大限に生かせるチームを探す」という一点で交渉を進めたバレロの異例ずくめの行動が特筆される。若くしてメジャーへの希望を断たれた男だったからこそできた、大谷への感情移入と、そろばん勘定抜きの作戦だったのか。

私は、個人的にはエンゼルスのファンではない。ユニホームはよくないし、球団に伝統もない。球場は、野球を見るにはひどい場所だ。センター奥の岩場はいかにもニセ物っぽい。だが、大谷がユニホームを着た瞬間、私は２０１８年に彼の全試合をテレビ観戦する覚悟を決めた。

〝常に2番手〟の球団

大谷はロサンゼルスで人気、ファンの尊敬度ともに〝常に2番手〟の球団に入ったことになる。どういうことか。改めて、南カリフォルニアの野球史を紹介しておきたい。大谷がいったいどのような環境に飛び込んだのか、より深く理解していただけると思うからだ。

それまで東部中心だった大リーグのうち最初に南カリフォルニアに移ってきた球団はニューヨークのブルックリン・ドジャース[*24]とニューヨーク・ジャイアンツ[*25]で、1958年のことだった。エンゼルスは1961年、ア・リーグの球団拡張に伴い創設され[*26]、最初の球団名は「ロサンゼルス・エンゼルス」だった。

ドジャースは新球場ドジャー・スタジアムが完成するまでの4年間、伝統の「ロサンゼルス・コロシアム」でプレーした。エンゼルスは最初の年、ロサンゼルス南にある3Aパシフィック・コースト・リーグ所属の古い球場、リグリーフィールドを本拠地とした。もともと3Aの「ロサンゼルス・エンゼルス」(1903〜57)が本拠地とした球場だが、余り

---

*23 1991年生れの外野手。メジャー現役最高の選手の1人。2018年、打率.312(ア・リーグ4位)、39本塁打(同4位)、79打点。ア・リーグMVPを2度受賞。

*24 改名しロサンゼルス・ドジャース。野茂が在籍した。ナ・リーグ西地区所属。1884年創設。

*25 改名しサンフランシスコ・ジャイアンツ(以下SFジャイアンツ)。ナ・リーグ西地区所属。1882年創設。

*26 球団はア・リーグの西地区所属となった。

に施設がひどかったため翌62年からはできたばかりのドジャー・スタジアムを間借りする羽目になった。その後、チーム名に州の名前を冠して「カリフォルニア・エンゼルス」とし、高速道路で31マイル（50キロ）離れたアナハイムに居を移したのは66年だった。

ドジャースは日本でも有名なオマリー家がオーナー。一方、エンゼルスの初代オーナーは野球と全く縁のなかったジーン・オートリー。彼は全国的に人気の、歌うカウボーイ俳優だった。1997年から2003年はあのウォルト・ディズニー社がオーナーになり、エンゼルスは「アナハイム・エンゼルス」と改名。現在のオーナーは掲示板広告で財をなしたアート・モレノで、チーム名は「ロサンゼルス・エンゼルス・オブ・アナハイム」を経て「ロサンゼルス・エンゼルス」に戻った。モレノはスポーツのフランチャイズを持った初のメキシコ系米国人だ。

総合的に見ると、エンゼルスはとてつもない成功を収めてきた球団だと言える。地区優勝9回、世界一1回。大谷加入以前、2017年シーズンの終了時、球団創設から57年間で勝率5割以上をキープしていた（2018年シーズン終了後もキープ）。球団拡張に伴って誕生したチームとしては唯一の快挙だ[*27]。その間、ロッド・カルー、レジー・ジャクソン[*28]、ブラディミール・ゲレーロ[*29]といった名選手がプレー。02年にはバリー・ボンズ[*30]を擁するS

Fジャイアンツとのワールドシリーズを制した。観客動員は例年300万人（300万人台に届くチームは近年7チーム程度しかいない）。先述の中堅手、マイク・トラウトはメジャーでも最高の選手だ。

にもかかわらず、エンゼルスはロサンゼルスで永遠にドジャースの〝弟分〟にとどまっている。観客動員数ではドジャースが2018年までの6年間、全米トップ。皆に認めてもらおうとどんなに必死にプレーしファンを喜ばせようと頑張っても、扱いは〝2番手〟。すべては、ドジャースが最初にロサンゼルスに来て、市の主要部分を押さえ、市のアイデンティティになったからだ。

長くドジャースの中継を担当したビン・スカリーはこれを「震えるような地理的不安定

＊27　現在の2リーグ制が成立した1901年から60年間、メジャーリーグのチーム数は16だった。61年の最初の拡張以降創設された14チーム中、通算勝率で5割を超えているのはエンゼルスのみ（2018年終了時で4637勝4629敗）。

＊28　1946年生れの元外野手。エンゼルス時代に本塁打王1回。野球殿堂入り。

＊29　1975年生れの元外野手。エンゼルス時代にア・リーグMVP1回。野球殿堂入り。

＊30　1964年生れの元外野手。通算762本塁打はメジャー史上最高。2002年は首位打者。

さ」と表現した。「バイス・スポーツ」というブログにエリック・ナスバウム記者はこう書いた。「長くて実り多い歴史をもちながら、エンゼルスにはどこか適当なところがある。エンゼルスとドジャースの関係はアナハイムとロサンゼルスの関係と同じ。付け足しであり平凡。常にドジャースの食べ残しをあさっている」。……手厳しい！

エンゼルスとロサンゼルスの因縁

エンゼルスと「土地」との関係についてもう少し詳しく書いておきたい。

ロサンゼルスのメジャーの歴史はすべて土地と深く関わってきた。20世紀前半、ロサンゼルス・エンゼルスはマイナーのパシフィック・コースト・リーグ（ＰＣＬ）の強豪チームであり、同じＰＣＬのハリウッド・スターズの強烈なライバルだった。１９５３年、両チームの間で乱闘が起き、それは試合をテレビで観ていたロス市警本部長が機動隊を投入するまで30分間続いた。

のちにヤンキースの有名な内野手となってベーブ・ルースやルー・ゲーリッグ（１９０３〜41）とともに活躍したトニー・ラゼリ（１９０３〜46）は、ＰＣＬソルトレークシティ・ビーズの選手だった１９２５年に60本塁打を記録。同じくヤンキースでスターとなったジヨー・ディマジオ（1914〜99）もこのPCLでプレーしている。

ドジャースがブルックリンから西海岸に移る前、オーナーのウォルター・オマリー（1903〜79）はPCL傘下のロサンゼルス・エンゼルスをシカゴ・カブスから買収し、球場をリグリーフィールドとした。ついでやや胡散臭《うさんくさ》い工作を弄《ろう》してリグリーフィールドと交換に市から「チャベスラビン（渓谷）」という広大な土地を手に入れた。この土地に以前から住んでいた貧しいメキシコ移民を警官が強制的に追い出し、家を取り壊したあと、丘の上の美しい球場「ドジャー・スタジアム」が完成した。ロサンゼルスの不名誉なエピソードの1つだが、オマリー家はこの時、「ロサンゼルス・エンゼルス」の命名権は保有したままだった。

おかげで先述のオートリーが1961年に球団を手にした時、「エンゼルス」という名前をつけるためだけにオマリー家に35万ドル（当時1億2600万円）を支払った。さらに62年から4年間はドジャー・スタジアムの賃貸料を払い続けたのだった。エンゼルスは出だしからドジャースの後塵《こうじん》を拝していたのだ。

ドジャースは素晴らしい都市環境の中、国際的な企業に成長。盗塁王、左腕エース、海外からのスター選手が次々と新聞の見出しを飾った。一方、エンゼルスの新球場のロケーションはもともと「オレンジ畑」（地名もオレンジ郡《カウンティ》）。これといった文化もなく、あるのはディズニーランドだけ。ショッピングモールの名前にはランチョ（牧場労働者の小屋）、ラグナ（小さな湖）といった言葉がつく。

マイク・トラウトは「アナハイム」という言葉を口にしないし、誰も自分のチームがディズニー漫画のキャラクターのようだと思われたくない。周囲の景観にふさわしくない豪邸に住んでいるかのような状態にうんざりしていたのだ。

この「アイデンティティの危機」こそが、エンゼルスが何度も名前を変更した理由だ。「もうたくさん。うちはロサンゼルス圏に戻る」とモレノ・オーナーがついにアナハイムの名前を捨てたのはそうした理由から。アナハイムとオレンジ・カウンティを誇りに思っている人々に背を向け、裏切ったことになる。

プロによる開幕前予想は当たったか？

私の知り合いのあるメジャーのスカウトによれば、大谷はMLBの投手スカウト判定基準で「70」だったという（20から80の間で採点）。これは、実は前年のドラフト選手（投手）の中ではナンバー1の評価だ。速球は間違いなく80、スライダー[*31]、スプリッターは65、カーブ[32]、チェンジアップ[33]、制球はいずれも60だった。打者としては、パワーは65、走るスピードは65、送球は80、守備は50。総合で「60」という判定で、前年夏のドラフト選手（打者）の中で4位に相当した。

２０１８年、打者としての大谷は守備につかず、ＤＨ専門で行くことになった。ジャスティン・アプトン[34]、マイク・トラウト、コール・カルフーン[35]が外野を守り、昨季ＤＨだったアルベルト・プホルスが[36]一塁をより多く守ることになった。かつてメジャー一のスラッガーだったプホルスだが、衰えは隠しようもない。２０１８年1月16日に38歳の誕生日を迎えたが、21年までの４年契約が残っており、18年は２７００万ドル（29億７０００万円）。

＊31　回転によって、打者の手元で水平に曲がる（もしくは縦に落ちる）変化球。
＊32　回転によって軌道が大きく弧を描く変化球。
＊33　直球（速球）を投げるのと同じ手の振りで、握り方を変えて投げる、比較的スピードが遅くて落ちる球。
＊34　１９８７年生れの外野手。２０１８年、打率・２５７、30本塁打、85打点。
＊35　１９８７年生れの外野手。２０１８年、打率・２０８、19本塁打、57打点。ゴールドグラブ賞１回。
＊36　１９８０年生れの内野手。２０１８年、打率・２４５、19本塁打、64打点。カージナルス時代に新人王、首位打者１回、本塁打王２回、打点王１回、ゴールドグラブ賞２回、ナ・リーグＭＶＰ３回。

これが毎年100万ドルずつ上がり、41歳で3000万ドル（33億円）になる。だが、プホルスはもう、かつてすべての投手が恐れたような打者ではない。エンゼルスは大谷の年俸が54万5000ドル（約6100万円）で済むことを心から喜んでいたに違いない。

エンゼルスが当初期待していたのは「投手・大谷」だった。エンゼルスには故障がちの投手が多く、2017年に200イニング以上投げた投手は皆無。10勝以上も2人だけで、JC・ラミレス[37]の11勝10敗、防御率4・15と、パーカー・ブリッドウェル[38]の10勝3敗、防御率3・64。MLBでも最も投手力が弱いチームの1つだったのだ。

2017年、オリックス・バファローズで26本塁打したステフェン・ロメロ[39]はベースボール・アメリカ誌の取材にこう答えた。「米国の打者なら大谷の速球は打てる。素直な球で、『ムーブメント』（いわゆる球の切れ、速球系のボールがホームプレート付近で縦あるいは横に動くこと）が少ない。ただ、変化球には手を焼くだろう。彼のフォークボールは速球に見えてから2フィート（61センチ）落下する。えげつない球であり、彼のベストピッチだ」。

2017年にプロ野球史上最多の54セーブ[40]を挙げMVPに輝いたデニス・サファテ（ソフトバンク・ホークス）は、「彼はスーパースターになる。ピリオド（それだけ）。そう言い切れるほどいい選手だ。唯一の弱点はコントロール。楽天時代の田中将大《まさひろ》ほどではなかった。

田中はメジャー1年目からサイ・ヤング賞を狙える位置にいたが、大谷はまだそこまでは行っていない。現時点では先発4番手か5番手。そこからサイ・ヤング賞級の投手に育っていくだろう」。続けて、「二刀流は無理だと思う。ある時点でどちらかを選ばなくてはならない。どちらを選んでもうまく行くと思う。打者なら40本塁打、40盗塁。投手を選んだならサイ・ヤング賞級だ。いずれにせよ、どちらか1つに絞ることだ」。

　最も正確に言い当てたのはサファテだったと私は思う。途中、故障はあったが、大谷は投手としても打者としても超一流であることを証明した。もし毎日プレーできていたら40本塁打していたかもしれない。

＊37　1988年生れの投手。2017年はこのほか105奪三振。18年は勝利を挙げていない。
＊38　1991年生れの投手。2017年はこのほか73奪三振。18年は1勝にとどまり、オフにヤンキースへの移籍が決まった。
＊39　元シアトル・マリナーズ。2018年は打率・237、25本塁打、63打点。
＊40　それまでの最多は岩瀬仁紀（中日ドラゴンズ）と藤川球児（阪神タイガース）の46セーブ（2005／07年）。

私自身の予想

私の予想はどうだったか？　2018年の開幕前、私はいくつか占ってみた。

打者として。「パワーがあり、左打ちであることは有利だ。しかし、ひょろっと背が高く、スイングが大きいため、内角攻めに弱いところがある。日本の投手は相手を傷つけたくないという思いからあまり厳しく内角を攻めないが、MLBの投手は情け容赦なく攻めてくる。大谷はこれにひるんだり、傷ついたりするかもしれない。また、日本では滅多に経験しなかった160キロ近い剛速球を常時、投げ込まれるだろう。しかし、大谷のアスリートとしての能力は非常に高い。彼がメジャーのスピードに適応できないとはいえない。ヤンキースのアーロン・ジャッジは6フィート7インチ（201センチ）で282ポンド（128キロ）ある。毎打席のように三振した印象が強いが、本塁打も52本放った。[*41] 体が大きくても打てないことはない」。

次に、投手として。「球速は最速165キロで鋭い変化球もある。この先、体重を増やせば球威はさらに増し、メジャーの打者にとっても脅威になる。弱点は制球力だ。日本ではいわゆるホームランバッターとされる強打者は1球団に2、3人だが、メジャーは全員がホームランを打つ力を秘めている。大谷のミス（失投）を逃さないだろう」。

ただし、「他の選手と違うのは、大谷は非常に練習熱心であることだ。明けても暮れても野球一筋で、自由時間は栄養学と英語を勉強。大谷と同世代でカネがあれば、町に出て女の子を追いかけるのが普通だが、大谷は違う。酒も飲まずタバコも吸わない。まるで嘘のような話だが事実だ」。

もっと具体的な予想もしていた。実はニューヨーク・タイムズ紙に取材を受け、「大谷は米国では60本塁打できない」と答えたのだ。２０１６年に少ない打席数で22本塁打したのはすごいことだが、中村紀洋《のりひろ》[42]、福留孝介《ふくどめこうすけ》、城島健司《じょうじまけんじ》ら日本でスラッガーだった選手が米国で不本意な結果に終わったことを考えると、そう答えるしかなかった。

私の予想はこうだった――大谷はＤＨで年間20本塁打、打率・２８０。エンゼルス・スタジアムは球場が狭く打者有利だ。投手として？　12勝10敗。防御率３・60とした。これは決

*41 ジャッジは１９９２年生れの外野手で、この52本で２０１７年の本塁打王となる。同時に歴代1位の新人本塁打数として記録されている。

*42 中村は1シーズンだけ在籍し17試合に出場、本塁打はなく打点3。福留は5シーズン通算で５９６試合出場、打率・２５８、42本塁打、１９５打点。城島は4シーズン通算で４６２試合出場、打率・２６８、48本塁打、１９８打点。

して悪い数字ではない。DH制のあるア・リーグの投手はナショナル・リーグ（以下ナ・リーグ）より防御率が落ちる。ピッチングのリズムをつかむまでに時間もかかりそうだ。私はかつてイチローの1年目を打率・285と予想した過去があり（実際には打率・350でMVPに輝いた）、自信満々の予想でなかったことだけは事実だが……。

答え合わせをしておこう。休場で試合数は減ってしまったため比較できるか分からないが、大谷はデビューの2018年、22本塁打、打率・285、投手としては4勝2敗、防御率3・31だった――そんなに離れていないかも？　いや、すべての予想を上回る活躍だったと言っていいだろう。

3　快進撃と絶賛

バーランダーを本気にさせた

大谷は2018年5月16日のヒューストン・アストロズ戦でメジャー屈指の豪腕ジャスティン・バーランダー[*43]の前に4打数無安打、3三振を喫した。ところが米メディアは〝名勝負〟として大きく報道した。MLB公式サイトは、バーランダーが捕手ブライアン・マッキャンと協同していかに必死に大谷を封じたかを詳報した。「大谷は並の新人ではなかった。バーランダーは6回の第3打席で大谷をボールカウント2－2に追い込むと、サインの交換で何度も首を振った。大谷が打席を外すと、カーブにするか、それとも外角高めの速球にするか考え、『大谷は間違いなくストライクゾーンを広くして待っている。ここは外角高めだ』と判断し、その1球を投げ込んだ。大谷のバットは空を切った」。

バーランダーは「最初は強い球で攻め、相手（大谷）がどんな反応をするか見極めた上で、次の球を決めていった」とも語った。当時通算193勝（2018年には204勝に到達）のベテラン投手を本気にさせた大谷の存在感を、米メディアは驚きをもって報じている。バーランダーは試合後、「大谷が今後もケガをしないで活躍することを願う。自分がおじいちゃんになった時に『あのすごかった選手から2500個目の三振を奪ったんだよ』と言

＊43　1983年生れ。デトロイト・タイガース時代の2006年に新人王、11年に投手三冠王、サイ・ヤング賞、ア・リーグMVP。18年は16勝9敗（ア・リーグ7位）、防御率2・52（同3位）、290奪三振（同1位）。

＊44　この日に到達した。シーズン終わりまでに2706奪三振に達し、MLB歴代23位となった。

いたいからね」。

一方の大谷は「いくら払ってでも経験する価値のあるボールだった」とバーランダーを称《たた》えた。大谷の万能ぶりは連日のように米メディアに取り上げられた。ウォールストリート・ジャーナル紙は「大谷は本当に世界最高の選手か」と題して、改めて大谷の多彩な能力を検証した。

日本人選手への称賛として過去最高

これまで大リーグでプレーした日本のスター選手には、とてつもない量の報道がなされてきた。新しくメジャーに来た選手に関する報道の方が、それより以前に来た選手より多い傾向にある。大谷も例外ではなかった。

1995年、野茂がドジャースで勝ち始めると、日本では数百万の人が試合に見入るようになった。米国でも大きな注目を浴び、「ノモマニア（野茂に熱狂する人々）」という言葉が飛び交った。イチローはさらにすごかった。MVPと新人王、首位打者に輝くと、2年後には年間最多安打記録を更新。シアトルのセーフコ・フィールド[*45]では巻き寿司「イチロール」が名物になった。ついで松井がニューヨークでスターになり、2009年のワールドシリーズでMVPに輝いた。米ピープル誌は松井を「地球上で最も愛すべき25人」に選んだ。

「D・iceK」こと松坂大輔は入札金額だけでもニュースになり、それを超えた金額のダルビッシュ、契約金ではダルビッシュを超えた田中。この3人も開幕から数カ月間、日米のスポーツニュース番組で話題を独占した。

そして大谷。ここまで彼を報道したニュースの量は過去最多で、称賛も最大級だ。メディアにとって大谷の素晴らしさは予想以上だった。

日程のほぼ3分の1を消化した5月下旬の段階で大谷は投手として4勝、打者として6本塁打だった。打率3割以上でシーズンを終えるという予想さえ出た。仮に、投か打か、どちらかに絞ればそれぞれ30%から40%、数字が改善するともいわれた。

「2死走者あり」という状況が7回あり、3ラン、2ラン、敬遠など7回すべてで出塁という記録も作った。これはクラッチ・ヒッター（チャンスに強い打者）の証明だ。「スポーツノート」というウェブサイトのマイケル・ディクソン記者は「野球の打撃を論じる場合、

＊45　マリナーズの本拠地。2018年12月に「T - モバイル・パーク」に改称。

誰が最も成功したかでなく、誰が最も失敗が少なかったかが焦点になる。メジャーで最も優れた打者でも10回に7回は失敗するからだ。そういう観点で見ると、この大谷の2死後の記録は驚異だ」とした。

この時点で、大谷はイチロー、松井よりパワーがあることがはっきりした。試合前の打撃練習で500フィート（152メートル）飛ばし、投手としての103マイルは他のどの日本人メジャーリーガーより速い。スプリットの威力はまさに地球上でベストだろう。

容貌という点でも、大谷は過去にメジャーに来た日本人の中で抜きんでている。能力、見栄え、人気などすべてを総合して日本人メジャーリーガーの中でナンバー1といえる。では、次は？　――オフにハリウッド映画に出演するというのはどうか？　『スパイダーマン』？　『アベンジャーズ』？　『トランスフォーマー』？　私なら『スーパーマン』に投票する。今後、大谷以上の日本人選手がメジャーに出るとは思えないのだ。

大谷はチキンではなかった

さて、いまだ謎として残るのが、2018年5月27日のヤンキース戦でマイク・ソーシア監督が大谷の先発を回避したことだ。なぜ「謎」なのか？

田中将大との投げ合いは日米で期待された対決だったが、肩すかしだった。ソーシア監督は、5月20日に110球（デビュー以来最多だった）投げたことへの対応だったと説明した。しかしニューヨークでは、大谷がヤンキースと戦うというプレッシャーを幾分でも和らげるために首脳陣が配慮したのではないかと勘ぐられた。大谷はメジャー球団を選ぶ際、「日本人スター選手のいるチームではプレーしたくない」と条件をつけた。そうした球団に入団した場合、春季キャンプから「大谷狂騒曲」が始まることは確実で、同僚となる日本人メジャーリーガーに迷惑をかけてしまいかねないという配慮だった。しかしニューヨークのメディアはこれを「ヤンキースのように伝統のあるチームでプレーする重圧を嫌がった」と受け取り、NYデイリー・ニューズ紙は「チキン（臆病者）」と罵《ののし》った。

確かに、大金につられてヤンキース入りしながらプレッシャーに押しつぶされ、実力を発揮できないまま消えた選手は数限りない。カール・パバーノ投手はモントリオール・エクスポズとフロリダ・マーリンズで活躍したあと鳴り物入りでヤンキース入り（2005年、4年総額3995万ドル）したが、わずか9勝、防御率6・00。DL（故障者リスト）入りが多かった。ヤンキースは1勝につき400万ドルを支払った勘定だ。ランディ・ジョンソン[*46]はニューヨークが好きではなかった。正捕手のホルヘ・ポサダとの相性が悪かった上、特にメディアとはうまくいかず、けんかごしの口論をした。２年目の06年は17勝をあげたが防御率は5・00と芳しくなく、ニューヨークのメディアとファンに嫌気がさして２年でチームを去った。井川慶《けい》も忘れられない。ヤンキースは総額４６００万ドルをつぎ込んだが、メジャー最初の年は２勝３敗、防御率６・25。そのあとのほとんどをマイナー暮らしで終わった。

こうした前例が大谷の脳裏をよぎったのか。しかし大谷の行動を見る限り、彼は何も恐れてはいなかった。ニューヨークのファンの憎しみに満ちたブーイングにも全く動じなかった。

オールスター出場の可能性

２０１８年の７月17日にワシントンで大リーグオールスター戦が行われた。結果としてそこに大谷の姿はなかったが、それに至るまでの米メディアの騒ぎは記憶に新しい。

選手を選ぶファン投票は６月１日にスタートした。大リーグ公式サイトが同日、ＤＨ部門でノミネートされた大谷を「今季メジャーでセンセーションを巻き起こした二刀流を見たいというファンは多いはず」と、強烈に後押しした。

DH部門は強力なライバル選手がひしめくだけに、選出されるのは簡単ではない。しかし同サイトは「初めてオールスター選手に選出されそうな10人」というコラムを掲載し、その中で大谷にもっとも大きなスペースを割いてクローズアップした。

「ア・リーグのDH部門は面白い。普通なら選出されるのは、レッドソックスのJ・D・マルチネスだ。大谷より100打数も多く、ここまで打率・317、18本塁打、47打点。すべてで大谷の成績（打率・291、6本塁打、20打点）を上回っている。だが、開幕から〝オータニ・サーカス〟に心を奪われた人たちが、真夏の球宴で大谷が打って投げるところを見たいと願って投票に走ったとしても、誰がそれを咎《とが》められるだろうか」。

このコラムからは、下駄をはかせてでも話題の大谷をオールスター戦で見たいという意図が感じられる。選出されれば、日本野手ではイチロー、松井、福留の3外野手に続いて4人目で、DHでは初となるところだった。

また、日本で世論調査などを行う中央調査社は6月1日、人気スポーツに関する日本全

＊46　1963年生れの元投手。通算4875奪三振は歴代2位。2002年に投手三冠王。サイ・ヤング賞5回。

国意識調査の結果を発表し、大谷が「最も好きなスポーツ選手」で初めて1位に選ばれた。*47 前年は6位だった。2年連続1位だったマリナーズのイチロー（2位）を抜いたのだ。3位はフィギュアスケートの羽生結弦《はにゅうゆづる》、4位はテニスの錦織圭《にしこりけい》だった。

大谷の前途は限りなく明るく見えた、のだが——。

＊47　4月6日から15日まで、日本全国の20歳以上の男女を対象に個別面接し、1207人から回答を得た。

第2章　規格外の新人王へ

1　2度の暗転と2度の好転

突然の暗転

大谷の輝かしい日々が暗転したのは2018年6月8日のことだった。エンゼルスが、大谷は右肘の内側側副靭帯《ないそくそくふくじんたい》の損傷で10日間のDL（故障者リスト）に入ったと発表したのだ。大谷は本拠地アナハイムで行われた6日のカンザスシティ・ロイヤルズ戦で4回63球を投げただけで降板した。はじめは右手中指のマメの影響と公表されていたが、靭帯を傷《いた》めていたのだ。

7日にロサンゼルスで、右肘に、自身から採取した血小板を使って組織の修復や再生を図る「PRP注射」と呼ばれる治療を受けた。最短でも3週間の離脱となり、1年以上かかる手術を検討しなければならない可能性もあって、期待が絶大だった「投打二刀流」が、開幕わずか2カ月で暗礁《あんしょう》に乗り上げた。8日に会見したエプラーGMは「マメができて降板し、マメの水分を取り除き、さらにアドレナリンが治まったら肘が張ってきたと、大谷が言ってきた」と説明した。

実は、大谷は2017年10月にも同じ箇所と思われる右肘靱帯に損傷があることが分かり、大リーグ移籍を前にして「PRP注射」を受けている。このときは「グレード1」と診断されていたが、今回は「グレード2」とされた。靱帯損傷の症状には「グレード3」まであり、グレード1は、靱帯は損傷して伸びてはいないが痛みを伴い、「グレード2」は靱帯が損傷して伸びた状態だが機能はしている状態。「グレード3」は、靱帯が完全に断裂している状態という。復帰に1年以上かかるとされるトミー・ジョン手術について、エプラーGMは「避けられたらいい。このままの治療で回復できれば」と話したが、経過次第では手術による長期離脱も想定しなければならない状況だった。

打者限定ならば出場できる可能性もあったが、GMはこれに否定的だった。「そのように起用したくない。実際には、今の段階で投球はできないが、DHとして出場することはできる。しかし、エンゼルスは大谷の二刀流に重きを置いている。打者だけというのは我々が意図している起用法ではない。我々は、この選手の持つ二刀流というインパクトの大きさを理解しているつもりだ」。球団は、大谷があくまでも二刀流選手であるという位置づけは変更しない方針だった。

大谷が受けたPRP注射とは「platelet-rich plasma（多血小板血漿）and stem-cell（幹細胞）

injections」。血小板を集めて患部に注入することにより損傷部分の回復を促す再生医療だ。ヤンキースの田中将大も、メジャー1年目の2014年にこの治療を受けた。田中は前半12勝4敗と活躍したあと7月に右肘の違和感を訴えた。当時、トミー・ジョン手術を回避した判断を懐疑的に報じる地元メディアもあったが、9月21日のトロント・ブルージェイズ戦で復帰して13勝目を挙げた。復帰後は異常なく投球を続けている。

大谷の突然のDL入りは衝撃で、ロサンゼルス・タイムズ紙は「エンゼルスに故障者が続出する中、大谷のDL入りはショックだ。手術につながることもある」と落胆。ニューヨーク・ポスト紙は「エンゼルスは息を殺して待っている。大谷がDL入りだ。球団は大谷の体にメスが入らないことを祈っている。グレード1の損傷は伝えられていたが、これが悪化した模様だ」とした。

たった2カ月で「やはり二刀流は無理だった」とは言われたくない。大谷はメジャーで最初の試練に見舞われた。

日本人投手の苦難

大谷が投げられない、というニュースに追い打ちをかけるように、日本人選手のダウンが相次いだ。MLBの日本人選手を応援しているファンにとって2018年は「ひどく悪い年」になりかかっていた。

ヤンキースの田中は両太ももの張りと、耳の感染症。カブスのダルビッシュ有は右上腕三頭筋の腱炎。ドジャースの前田健太は右股関節の張り。そして大谷は右肘の靱帯損傷、マリナーズの岩隈久志は右肩の手術から復帰を目指している。サンディエゴ・パドレスの牧田和久はマイナーに落ちた。ただ1人頑張っていたのはアリゾナ・ダイヤモンドバックスのリリーフでスプリットのスペシャリスト、平野佳寿《よしひさ》だった。

こうした故障はメジャーでプレーする多くの投手にとって「宿命」になってきた。スプリットを多投する平野が次にDL入りするかもしれない、と多くの人が危惧《きぐ》した。

ピッチングというのは非常に不自然な動きを強いるため、ボールを投げる度に肘内側側副靱帯に最大限のストレスがかかる。しかも95マイル（153キロ）前後の速球を投げ込む投手が多くなった。腕を肘の高さまであげ、思い切り後ろに引く。これは大変なストレスだ。MLBの現役投手の25%がトミー・ジョン手術を受けている。ダルビッシュも2015年にこの手術を受けた。投手が故障するペースは以前より加速し、手術を受けた投手の20%は以前のようなパフォーマンスができなくなっている。

2018年のメジャーの最大の話題だった「二刀流・大谷」がDLに入って、日本でもメジャーに対する関心は一気に薄れた。7月3日、大谷は約1カ月ぶりに復帰し、シアトルで行われたマリナーズ戦に「6番・DH」でフル出場して、4打数無安打、3三振だった。チームは1－4で敗れた。マイナー戦にも出ずにいきなりメジャーの打席に立つ異例の形となった。試合後の記者会見では「離れていたのでもどかしい気持ちでいたが、こうやって試合に出られてすごくうれしい」と心境を語った。しかし、大谷不在の間にエンゼルスは大きく負け越し、ア・リーグ西地区の優勝争いから脱落してしまっていた。

ありえた選択肢

そんなチーム状態で大谷をどう扱えばいいのか。これがエンゼルス首脳陣に突きつけられた最大の課題となった。

選択肢はいくつかあった。当面は打者として出場させ、肘の回復を待つことになるが、投手としてOKが出た時に先発ではなく、球数が少なくて済むクローザーをつとめるという方法もある。これはエンゼルスがプレーオフ争いに絡んでいるというのが前提。負担は決して軽くはないのだが、大谷の100マイルを超す速球は9回の1イニングを任せるのに最適。特にリリーフ（救援投手）陣が崩壊しているチーム事情を考えればなおさらだ。

また、とりあえず打者としてプレーすることにして、来季の2019年は外野を守り、投球は20年からという考え方もあった。これなら一塁で守るプホルスの負担を軽減できる。外野を守ることで選手としての能力、センスをさらに磨くこともできる。

手術は最悪の選択肢と考えられた。復帰までの時間的なロスはもちろんだが、二刀流の続行に影響が出る可能性もあるからだ。USAトゥデー紙のコラムニスト、ボブ・ナイチンゲール記者は、仮に大谷がトミー・ジョン手術に踏み切った場合、復帰は2020年にずれ込む可能性がある上、「腕の治療に集中することになるため、投手としての復帰に全力を尽くすことになる。打者としてのメカニクス（スイングなど）を改良することができず、復帰後は投手一本になるかもしれない」と二刀流断念の可能性まで論じた。

そこで私は当時、究極の提案をしてみた。投手と打者を1年交代でやるというアイデアはどうか？と。ある年は1年間、投手だけに専念し、翌年は打者だけをやる。そしてその次の年にまた投手に戻る。米スポーツ専門局ESPNは5月末、「大谷は二刀流を続けることで、投手としての価値が30～40％損なわれ、打者としての価値も60～70％損なわれる。大谷は世界一の宇宙飛行士にも、世界一の潜水艦の艦長にもなれるが、それを同時にこなすのは難しい」と指摘した。

この1年交代という形をとれば、打者1本なら年間40本塁打できるのか、それとも50本塁打以上打てるのかはっきりする。投手としても、メジャーの他の先発投手と同様に年間32試合前後投げれば20勝できる投手なのかを確かめられる。

これなら、毎年6人の先発投手を用意して週1で大谷に先発させ、残った3、4試合でDHで起用するという面倒な作業も不要だ。常時、投手と打者の練習を繰り返す必要もなくなる。1年間打たない、投げないと、どちらかの力が落ちる、または両方落ちる危険性もあるが、この方が大谷の選手寿命は伸びる気がする。実現性はともかく、ではあるが。

復帰登板させたエプラーGMの計算

2018年9月2日。大谷はアストロズ戦に、投手として3カ月ぶりに先発した。プレーオフ進出が絶望的となったのになぜあわてて大谷を投げさせるのか、肘を壊すリスクが高すぎる、という声がファン、マスコミから聞こえたが、エプラーGMは地元紙「オレンジカウンティ・レジスター」に対し、リスクは認めつつ、ここで投げさせることのメリットを逐一説明した。「大谷を診断した医師団は、大谷の肘は良い状態にあり、強くて、治癒した状態にあると言ってきた。長年、この分野で活躍してきたプロがそう言うのだから、それに従うのが当然だ」。

大谷の登板は6月6日のロイヤルズ戦が最後で、打者として7月3日に復帰していたが、大谷の希望はあくまで二刀流の継続だ。「PRP注射のあと我々は大谷の様子を毎日毎日、注意深く見守ってきた。決して復帰を急がず、長い目で見てきた。本当に大切なのは大谷が健康であることだからだ。そうして専門家が『大谷は健康だ』と言ったのだから、投げさせない理由はない」とGM。「故障した選手がシーズン中にプレーを再開し、冬のトレーニングを何の制限もなく行えるという保証を得られるのはとてもいいことで、全員とはいわないが、かなりの選手が歓迎している。大谷自身も(9月からの登板で)心の平安を得て、普通の冬を過ごせるなら、それに越したことはない」と付け加えた。

それでも投げたあと肘が痛いということにならない保証はない。これについても、「仮に登板して、これ以上投げられないと分かったらトミー・ジョン手術を行って1年後の回復を待つことになる。ただ2019年のシーズン開幕前か直後に手術するより半年以上も早いのだから、その分、復帰も早まる計算だ」という。

打者として復帰後、豪腕のバーランダーなど大物投手からも本塁打を放つなどして、打者としての価値を重視した方がいいという声が上がっていたが、エプラーGMは「二刀流こそ彼が人生で目指してきたこと。それ以外の野球人生を彼は考えていない」とした。また、外野などを守り、打者としてスタメン出場し、試合後半でリリーフに回る構想については「先発よりリリーフの方が楽だというデータはない」と否定した。

開幕からメジャーの話題を独占した大谷だが、それはルース以来100年ぶりに二刀流を復活させ、短期間とはいえ成功を収めたからだ。球団としても二刀流を諦めさせるシナリオは描いていなかった。

もともと、大谷とその代理人がメジャー30球団に質問状を送りつけ、その中から「二刀流を容認してくれるチーム」として選んだのがエンゼルスだった。エプラーGMが大谷の二刀流を容認し、後押しすると約束したからではあったが、当初の約束を違《たが》えず、ここまで守り切った誠実さは脱帽もの。他球団だったら、投手・大谷は2018年6月の時点で消滅していたかもしれないのだ。

投手・大谷の消滅

だが、復帰登板は大谷の希望を断ち切る結果になった。ミニッツメイド・パークで行われたアストロズとの試合は3回途中、2安打2失点で降板した。6月6日以来88日ぶりの登板。1回は最速99・3マイルをマークしたが、3回に球速がガクンと落ちた。

それでも、一夜明けた9月3日、オレンジカウンティ・レジスター紙は「大谷は『少しひりひりするが問題ない』と言っている」と報じた。また、「大谷は約3カ月ぶりのテストをクリアした」とした。「3回に球速が大きく落ちたことは疑問を呼んだが、大谷は最初の2回は問題なく投じていた。最速で99マイル（159キロ）を投じ、1、2回は、ほとんどが95マイル（153キロ）から97マイル（156キロ）だった」と評価した。

アストロズの地元、ヒューストン・クロニクルは、「試合の入りはとても素晴らしかった。最初は衝撃的な投球で、99マイルに近づいていった」というA・J・ヒンチ監督の声を伝えた。

ソーシア監督は試合後、「大谷は腰に少し張りがあり、2回に素手で打球をはじいたとき、右手薬指の付け根を痛めた。だから球速も落ちたのだろう。でも（右肘の）靱帯とは関係ないし、体調も問題ない」と説明。さらに翌日にも改めて大谷の復帰登板は成功だったと強調。「肘の具合は良好だ。薬指に関するX線検査も不要だ。腰、肘に関するMRIも必要ない」と話した。

だがこの楽観論もあっという間に崩れた。エンゼルスは9月5日、大谷が精密検査を受けた結果、右肘靱帯に新たな損傷が判明し、医師にトミー・ジョン手術を勧められていると発表した。手術を受けた場合、投手としての復帰は少なくとも2020年以降になる。投打の二刀流は再び暗礁に乗り上げた。

エプラーGMは「とてもがっかりしている。誰よりも彼（大谷）が失望していると思う。今は（大谷が気持ちを）整理しているので、時間を与えて見守らないといけない。彼が手術を選択すれば、次のステップに進む」とした。

どん底で見せた大谷の精神力

誰が見ても野球を続けられる精神状態ではないはずだった。ところが大谷はこの最悪のニュースが発表された直後に驚くべき決断を下した。本来、トミー・ジョン手術を勧められた時点ですべてをシャットダウンして、手術を受けて来季に備えることもできたはずだったが、そうしなかった。打者一本で最終戦まで戦う決意を固めたのだ。

9月5日、敵地でのレンジャーズ戦に「3番・DH」で出場し、右越えに17号ソロ、18号2ランを連発するなど、4打数4安打3打点、4得点の大活躍を見せた（試合は9－3で勝った）。これによって、メジャー1年目の日本選手の本塁打数で松井の16本を抜き、1位の城島の18本に並んだ。印象的だったのは、試合中の大谷にいつも以上に笑顔があふれていたことだ。

ＭＬＢ公式サイトの「カット4」は本塁打シーンを動画で再生。「大谷が投手として2020年まで投げられないと知って世界中が嘆き悲しんだその日に4打数4安打3打点、2本のホームランというマジックのようなプレーをしてみせた。まるで肘など必要ないといった活躍だ。ベンチに戻って主砲トラウトと談笑する大谷はまるで『あなたはトミー・ジョン手術を勧められた日にホームランを打ったことがありますか？』と尋ねているかのようだった」。対戦相手だったレンジャーズの地元紙ダラス・モーニングニュースは「手術で2020年までいないはずの選手が打席に立っていて2本も打たれた。悪夢だ」。

レンジャーズ戦の8回、この日2本目となる本塁打（メジャー第18号）を放つ大谷。2018年9月5日（朝日新聞社）

一方で否定的な論調もあった。米スポーツサイト「コール・トゥー・ザ・ペン」は「エンゼルスが大谷の復帰を焦ったので代償を払うことになった」。また、大谷はPRP注射による治療を選択して手術を回避したが、結局は手術を必要とする結果になったことについて、ロサンゼルス・タイムズ紙は「PRPを選んだのは失敗だった。（同じくエンゼルス投手のアンドリュー・）ヒーニー、ギャレット（・リチャーズ）も失敗して、結局手術になった。大谷で3人目だ。PRPは効果が証明されていない」と報じた。

2018年9月10日、大谷は2度目のア・リーグの週間MVPに選ばれた。週間MVPの対象期間は9月3日から9日で、その間大谷は19打数9安打。打率・474、4本塁打、10打点という文句のつけようのない活躍だった。MLB公式サイトは授賞理由を「4日から3試合連続で本塁打を放ち、手術を球団から勧められた5日に4打数4安打、2本塁打3打点の活躍をした。さらに19本塁打まで伸ばし、城島を抜いて、日本人選手の新人年の最多本塁打記録を更新した」と紹介した。

トラウトは大谷について、「ひとつのこと（投手）ができなくなった選手が別のこと（打者）で活躍するのはすごくクールだ。彼は右肘に新たな損傷が見つかった段階で今季を終えることもできた。それなのに球場にやってきてバッティングケージで必死に練習している。一切手を抜かない。そんな彼を見ているのはとても楽しい。今、彼がなしとげていることは信じられないほどすごい」と絶賛した。

その後大谷は9月15日、本拠地アナハイムでのマリナーズ戦に「4番・DH」で先発出場。初回の第1打席で、8試合ぶりの本塁打となる20号ソロを放った。日本選手では松井がエンゼルス時代の10年に21本塁打して以来の20本超えとなった。

8月から9月にかけての活躍で「ルーキー・オブ・ザ・イヤー（新人王）には大谷がふさわしい」との論調も目立つようになった。スポーツ・イラストレーテッド誌は「大谷の将来がどういうものになろうと、彼は今年の新人王を獲得すべきだ」と見出しを躍らせた。「メジャーで仕事の細分化が進む中、投手と打者の両方をやろうとするのは並大抵のことではない。しかも大谷はその両方で優れている。エースでスラッガー。ベーブ・ルース以来の挑戦をもっと評価すべきだ」。

大谷はシーズン最終戦でも見事な打撃を見せた。アスレチックスに2－4とリードされた9回、先頭打者で打席に立った大谷は右腕クリス・ハッチャー[*1]と対戦。94マイル（15

＊1　1985年生れの投手。2018年、3勝3敗、防御率4・95、30奪三振。

1キロ）の速球を鮮やかにセンター前に弾き返した。

中継アナウンサーが思わず「パーフェクト・スイング」となった。後続のジェフリー・マルテ[*2]が二塁打を放ち、大谷は俊足で一気に生還。1点差に詰め寄ると、続くテイラー・ウォード[*3]が左越えのサヨナラ本塁打で締めくくった。この日の大谷はそれまで凡退を繰り返したが、最後の最後に大仕事をやってのけた。「打席に立てば何かが起きる」というゲーム・チェンジャーの役割を、大谷はこの最終戦でも果たしたのだった。

アンドゥハー、トーレスとの新人王争い

新人王レースでは当初、ヤンキースの二人の内野手、ミゲル・アンドゥハー（打率・297、27本塁打、92打点）とグレイバー・トーレス（打率・271、24本塁打、77打点）を大谷が追いかける形だったが、終盤の活躍で大谷有利との見方が強まる。二刀流を積極的に評価しようという動きがシーズン終盤に巻き起こってきた。開幕前の春のキャンプではなかったことだ。

スポーティングニュース誌のウェブサイトも「新人王は大谷だ」と断言。「このユニークな存在を判断するにはデータ分析ではダメ。もし大谷が平凡な数字しか残していなければ

こんな議論は持ち出さないが、彼は投手としても打者としてもアウトスタンディング（ずば抜けている）」。ESPNも新人王レースのトップと評価。「大谷は粘りが最大の強みだ。（キャンプなどでの）打撃不振、右肘故障という挫折をはね返した精神面の強さこそが、チームメイト全員を感服させている点だ」とした。

こうした一連の議論を聞いて、私は2016年12月に大谷が22歳でパ・リーグMVPに選ばれたときの論争を思い出した。特に江夏豊は大谷がタイトルをとっていないことに触れ、最低でもタイトルを1つとることがMVPの条件だったと主張した。

だが私は、大谷は単に1つのタイトルをとる以上のことを成し遂げた、と反論した。彼は投手として10勝4敗、打者としては104試合に出場し打率・322、22本塁打。夏に右手中指のマメがつぶれ、投球回数は140イニングにとどまったが、あと3イニング多く投げていれば規定投球数に達し防御率トップになっていた。週末に投げて平日に外野を守

＊2　1991年生れの内野手。2018年、打率・201、7本塁打、22打点。2019年から阪神に所属。
＊3　1993年生れの内野手。2018年にメジャーデビューし40試合に出場、打率・178、6本塁打、15打点。

る選手にとって、22本塁打は大変な数字だ。日本プロ野球で過去にこうした記録を達成した選手がいないことを考えれば、こうした数字こそが「記録」と言える。

メジャーでも二刀流はルースくらいだった。成績を見てみよう。1917年は24勝13敗で2本塁打。18年は13勝7敗で11本塁打。19年に9勝5敗で29本塁打。20年にヤンキースにトレードされると登板は年に1、2回になり、同時に本塁打54本(20年)、59本(21年)のように本塁打王の道を歩んだのはご承知の通りだ。

投げて打つ、というのは極めて難しい。投手として9回を投げたら、次に外野手として出場するまでに2日は休養が必要だ。先発として投げるためには4、5日の休養がいる。大谷が非常に高いレベルを維持し続けたことは驚くべきことだ。しかも2016年7月3日には「1番・投手」で出場、日本プロ野球史上初となる投手の先頭打者アーチを放ち、投手として8回5安打10奪三振で無失点、8勝目を挙げるという離れ業をやってのけた。

大谷のように新しいことに挑戦する選手には、それを評価する上で「新しい計算法」があってしかるべきだ、と当時、私は思ったものだった。

日本プロ野球で十分経験を積んだ大谷がメジャーの新人王になろうが、なるまいが、大谷自身はさほど気にかけていないかもしれない。ただ、米国のメディアが大谷の二刀流をここまで積極的に支持したことに、私は喜びを覚えた。ソーシア監督はシーズン後、「(大谷の成績が)大成功とは思っていない。ただ、大谷(の飛び抜けた能力)は皆さんがフィールドで見た通り」とクールに述べている。

大谷が数字を超えるインパクトを残したことは紛れもない事実だった。

ショーヘイ・オオタニ賞を新設したらどうか

2018年11月12日、ついにルーキー・オブ・ザ・イヤー(新人王)が発表された。BBWAA所属の記者30人による投票で1位票を25票獲得したのは、アンドゥハーでもトーレスでもなく大谷だった。打者としての成績と投手としての成績を合わせた評価で上回り、まさに二刀流での受賞だった。

大谷の成績は、DHとして104試合に出場し、打率・285、22本塁打、61打点。投手としては10試合で4勝2敗、防御率3・31だった。20本塁打、50イニング登板を同一シーズンで果たしたのはルース以来初めてだった。100マイルの速球、89マイル(143キロ)の強烈なスプリット。何本もテープメジャー・ホーマー(特大本塁打)を放ち、8月、9月の2カ月の長打率・649は、ナ・リーグMVPのクリスチャン・イエリッチ(ブルワーズ)

に次ぐ、両リーグ2位の成績だった。

日本人選手としては、1995年の野茂、2000年の佐々木主浩《かづひろ》、01年のイチロー以来4人目の新人王。キャンプの不振で米国の有名記者に酷評されながらこれを覆したのは痛快だっただろう。

しかし、大谷の選出には疑問も持ち上がった。日本プロ野球（NPB）で実績のある日本人選手に大リーグで新人王を受賞する資格があるかどうかという問題だ。そもそも新人王はマイナーリーグから昇格した1年目の最も優れた選手に与えられるものである。逆に言えば、NPBでの実績を自動的にマイナーリーグでの成績のように格下げして扱っていいのかという問題でもある。実際のところNPBはかなり高いレベルにある。最近では、NPBと大リーグの幹部たちは、会合の際に「リアルワールドシリーズ（日本シリーズとワールドシリーズの勝者の対戦）」の実現を頻繁に話題にするようになっている。

ちょっと考えてみてもらいたい。米国のマイナーリーグには240ものチームがあり、そこで毎年5000人以上の選手たちがプレーしている。その中で大リーグに昇格できるのは10％以下という厳しさ。しかも、そのほとんどは文字通り〝コーヒー1杯〟を飲む程度の短い滞在で逆戻りする。メジャーで頭角を現すことができるのは33人に1人と言われる。一方、NPBで一軍登録されるのは12球団合計で336人である。ボビー・バレンタイン元ロッテ監督のような識者たちの見解によれば、NPBの一軍選手の半分以上がメジャーでプレーできるレベルにいる。NPBの選手にそれがただちにできないのは、海外FAを取得するのに9年かかるというルールに縛られているからに過ぎない。だから、3Aが米国でもっともレベルの高いマイナーリーグであるとしても、NPBと比較するのは適当でないし、フェアでもない。

特に2018年の日米野球で、日本代表〝侍ジャパン〟がMLB代表に5勝1敗で圧勝している。日本代表が一方的な展開で勝った試合もあり、これでは、一体どちらを〝メジャー〟と呼ぶにふさわしいかと思わされるほどだ。

新人王問題は2003年、松井のときにも議論になった。松井は受賞しなかったが、これは米国の野球記者たちが、松井の日本での9年間の実績、巨人の4番打者としての活躍から、ルーキーとみなすのはふさわしくないと考えたからだ。松井の1年目の成績は、打率・287、16本塁打、106打点。本来なら新人王の資格は十分だ。最高のクラッチ・ヒッターだったのは誰もが認めるところで、勝敗を分ける場面や試合の終盤で走者を還す打撃はア・リーグでもトップクラスだった。

僅差《きんさ》で新人王を受賞したのは、ロイヤルズの新人遊撃手アンヘル・ベロア（.287、17本、73打点）。成績で勝っているとはいえなかったが、タイトな受賞レースを制した。記者の多くは単純に「松井をルーキー枠には入れられない」と話していた。ウォーセスター・テレグラム&ガゼッテ紙のビル・バロウ記者はこう言った。「私は、伝統的な意味において、また、ルーキーとは何であるかという本当の意味において、松井はそうではないと思っている。大リーグはルーキーの定義を見直すべきだと思う」。ミネアポリス・スター紙のジム・ソーハン記者も次のような見解だった。「私の良識として、もう1つの大リーグみたいな場所から来た松井のような偉大な選手と、22歳の若手選手を同じ土俵で比べるのがいいこととは思えないだけだ。若手選手はまだメジャーのカーブの打ち方を勉強しているレベルじゃないか。松井を新人扱いしてその経験を無視することは、NPBを侮辱することにもなるのではないかと思う」。松井はこのとき29歳。「個人的には自分はルーキーというには年を取り過ぎているように思いますけど」とさりげなく話していた。

もちろん同じ議論が野茂、佐々木、イチローのときもなされた。当時、野茂は26歳、イチローは27歳。佐々木にいたっては32歳で、5年後に現役を引退したぐらいである。

大谷が渡米したのは23歳だった（2018年7月に24歳）。確かに、その直前まで5年間プレーしたＮＰＢというリーグの質、しかも16年にはそのパ・リーグでＭＶＰになっていることを考えると、彼をルーキーと呼ぶのは、その実績を過小評価するものとも考えられる。彼が受賞に値する選手であるのは間違いのないところだが、与えられるのは、「新人王」ではなく何か他の名称の賞にするべきだ。〝ジョーヘイ・オオタニ賞〟でもいい。なぜなら、これまでに彼と同じことをやった選手はいないのだから。

2　天才の育て方

ソーシアの監督ぶり

２０１８年シーズン終了後、大谷のボスだったソーシア監督は退任を発表した。彼は２０００年に41歳でエンゼルスの監督になり、19年間、安定した成績を残してきた。ア・リーグ西地区で6回優勝。２００２年には世界一になり、通算勝率は5割を超える。08年にはチーム史上初の１００勝を達成した。とてもいい数字だ。チームの人気、ファンが抱く尊敬度で常にドジャースの後塵を拝してきたとはいえ、エンゼルスに一定の品格を与えたのはソーシアだった。

ただ最近は他の監督に比べ見劣りがしていたのも事実だ。また、「先発を疲弊させる」「ベテランで消えゆくスターに頼りすぎる」などの批判もあった。現在メジャー一の選手とされるマイク・トラウトに関しては、ソーシアが監督でなければもっと早くスタメン起用されていたといわれる。

ソーシアは人格が変わってしまったとも聞く。監督就任当時の、のんびりとしてファンに愛され、素早く気のきいたセリフをしゃべることのできる男ではなくなった。チーム担当のリポーターたちは、最近のソーシアは批判にとても神経質で、自分の采配に固執するようになったという。すべてをコントロールしようとし、不安定で保守的。常にピリピリし選手と親密でもなくなった。

「誰も逆らえない男」という評判もとった。2015年、ソーシアとジェリー・ディポトGMの間で論争が起きた。ソーシア監督がフロントから伝えられたスカウト情報やデータを無視して試合を進めていることに動揺したディポトGMが2人きりの話し合いをもち、最後通牒を突きつけた。ソーシアはこれを拒否。間もなくディポトが辞任した。球団幹部、GMたちが強大な権力をもつ時代に、このGM辞任劇は前代未聞だった。

では現代野球で「監督」はどこまで重要な役割なのか？　MLBの選手が私にオフレコで話してくれた。先発、スタメンを決め、リリーフをどこでつぎ込むかなど従来監督の仕事とされてきたものは、選手が自分でできる。監督の采配は大衆やメディアから過大評価されているというのだ。監督は「氷山」だともいわれる。彼らの仕事の大半は下に隠れて外部からは見えないもの。その最たるものが選手とのコミュニケーションだという。

ここ数年、エンゼルスは地区優勝争いでいいところまで行きながら最後にガス欠を起こしてきた。何かが明らかに間違っている。選手、フロント、コーチをどう変えてもソーシアの下ではうまく行かない。ソーシアはエンゼルスに長く居すぎたのかもしれない。ボストン時代のテリー・フランコナもそうだった。ある時点から選手は監督の声に反応しなくなる。監督の声を聞くのに飽き飽きしてくるのだ。同時に監督も同じ言葉を繰り返すのに飽きてくる。そうして強烈な個性の持ち主を管理する能力を失う。

２０１８年のソーシアは何かをしようというフリをしているだけだったかもしれない。同じ仕事を20年も続けると、そのパフォーマンスを保つための精神力をなくしていくものだ。エンゼルスは大谷を含め、いい人材を集めた。しかし、疲弊しエネルギーの少なくなった現場の指揮官の存在は、エンゼルスの将来に逆効果となる。そしてソーシアは退任した。

後任のブラッド・オースマスについては終章で少し詳しく述べよう。

二刀流・大谷を生んだ日本ハムの慧眼

2012年のドラフト会議で日本ハムが花巻東高校の大谷を強行指名し、栗山英樹《ひでき》監督が「二刀流」を提案していなければ、今の大谷は生れていなかったかもしれない。

時速160キロの速球を投げ、本塁打も高校通算56本の18歳。日本球界の垂涎《すいぜん》の的だった大谷はドラフト会議直前、メジャー挑戦を表明。日本ハムの指名にもかかわらず球団関係者の挨拶にも応じなかった。野茂の時代にそんなことが考えられただろうか?

大谷はあの時、高校から直接米国の野球界に飛び込む最初の選手になりそうだった。同時に、メジャー入りする最初のドラフト1位選手にもなるところだった。大谷は「世界で最高の選手たちがあそこでプレーしている」と言い、日本ハム入りの可能性は「ゼロ」とまで言った。日本のビッグスターたちが次々と米国に移動し、衛星テレビで大きく報じられてきた以上、当然の流れとも言えた。多くの日本人は以前よりも選手の流出に理解を示すようになっていた。

しかし、2012年12月、日本ハムは大谷の引き留めに成功した。私はその時、日本ハムに心から「おめでとう」と言いたかった。あの時、誰もが大谷はドジャースと契約することになると思っていた。しかし日本ハムは指名を強行してドジャースの表立った動きを封じた。日本ハムは、韓国の高校生がメジャー挑戦に失敗した例をあげながら、「米国に行っても少なくとも3年はマイナー暮らしになる。小さな町での生活は厳しいこともある。ものにならないケースもある。日本ハムならいきなり一軍で活躍できる可能性もあるし、そうなれば金も稼げる」と説得した。

大リーグが2017年から米国以外のアマチュア選手と契約する場合、総額の上限を290万ドル（3億2500万円）とし、それ以上になったらぜいたく税を課す、という一項ができたのもメジャー球団にマイナスに働いた。

日本ハムとの交渉を終えて栗山英樹監督に見送られる花巻東高校の大谷翔平。2012年11月26日（毎日新聞社）

さらに栗山監督は大谷に「君は投手としても素晴らしいが、打者としても魅力がある。もし日本ハムに入ったら、パ・リーグにはDH制があるが、先発投手で打席にも立つ、まったく新しいタイプの選手になれる。そうなれば日本のプロ野球でも目立つ選手になれる」という話をした。大谷は「日本人初の、高校生からのメジャーリーガーになりたい」と言ってきたが、栗山監督の「日本でも、投手で打者という『新しい挑戦』ができる」との説明にグラッときた。もちろん、途中で投手を諦めさせられるのではないかという心配もあったが、日本ハムの熱意と誠意が徐々に大谷の心を変えていった。

一連の説得の過程で、「日本ハムに入ればダルビッシュ有が乗ったMLB行きのエレベーターの1階に立てる、と言われたに違いない」と言うのは日本のプロ野球選手の情報と戦力分析をしているブログ「スカウト・ドラゴン」の責任者、アイラ・スティーブンスだった。ダルビッシュは6年でメジャーに挑戦すると噂されたが、前夫人との離婚劇のせいで1年遅れた。米国の球団と契約したあとで離婚成立となると、慰謝料が跳ね上がるとの憶測も流れた。

大谷が日本ハムに滞留する間に彼はワザを磨き、英語を少し勉強したあとで、最終目的地であるメジャーに行くことができる。しかも、それをすべて日本ハムの支援のもとで行うことができる。

この話には重要な教訓が含まれている。日本ハムは大谷を指名することで日本のスター・アマチュアをメジャーに横取りされるのを防いだ。大谷の父親がメジャー挑戦に反対だったことも幸いした。もうひとつの教訓は日本ハムが見せた商才だ。将来間違いなくトップスターになるであろう逸材を失うという、避けられそうもない不利な状況をひっくり返して、それを将来の大きな利益に変えたのだ。

次の数字を見てほしい。ダルビッシュが日本ハムと契約金1億円で合意したあとの年俸の推移だ。2005年、1500万円▼06年、3000万円▼07年、7200万円▼08年、2億円▼09年、2億7000万円▼10年、3億3000万円▼11年、5億円。これで総額14億1700万円だ。そして12年、日本ハムはポスティング制度でダルビッシュをレンジャーズに送り込み、5200万ドルを得た。当時のレート(1ドル82円)で42億6400万円。差し引き28億4700万円というクールな利益が出た勘定だ。

しかも、ダルビッシュが投げた試合で得た入場料や、ダルビッシュの活躍で進出した日本シリーズなどの収入はカウントされていない。ダルビッシュ関連グッズやテレビCMに出演した際に球団に入るコミッションも同じくカウントされていない。要約すれば、日本ハムはダルビッシュで大きな富を築いた。仮にダルビッシュがそのまま日本にとどまっていた場合より多くの金を稼いだとみるべきだろう。

これと同じことが大谷にも起こると考えている人は少なくなかった。仮に彼を7年間手元に置く。エースに成長すれば7年間の年俸総額は15億〜20億円か。そのあとはポスティング制度を利用してMLBに〝売却〟する。仮にその金額がダルビッシュの半分だったとしても、大谷効果で入るその他の収入とあわせて考えればすごい利益になる。悪い商売ではない。もし日本プロ野球がトップ・アマの海外流出を防ぐ手立てを考えつくことができないのなら、日本ハム方式が参考になる。

ヤンキースGMに欲しがられていた

日本ハムの奇襲は成功し、多くのメジャー関係者がほぞをかんだ。名門ヤンキースも例外ではなかった。

「ボブ、ちょっと聞いてくれないか」。2014年8月末、ヤンキー・スタジアムの3階にあるGM用スイートルームに招かれた私はブライアン・キャッシュマンGMに話しかけられた。アストロズを迎えた試合を観戦中のことだった。「もし大谷がうちに来てくれたら、彼には数百万ドル（数億円）だって支払う用意がある。先発と先発の間に外野手で起用することも考慮しただろう。もしそれが彼の希望ならね。我々はそこまで考えている。これが2年前ならそんなことはしなかっただろう。でも今なら……。ヘイ、もしそれが彼の望みだったら?」

当時20歳だった大谷についての会話だ。マーク・テシェイラ、カルロス・ベルトランが故障に悩まされ、CC・サバシア、マイケル・ピネダ、そして田中将大までDL入り。9月を迎え、ヤンキースに必要なのはただひとつ、先発投手だった。

「大谷が最初から米国に来なかったのは間違いだと思う」。広島の前田健太を視察して帰国したばかりだというGMはさらにこう続けた。「もし彼が日本ハムと契約せずまっすぐ米国に来ていれば、今頃うちの先発投手だ。それくらい彼はいい。そして今よりはるかにいい金を稼いでいるだろう。それは保証する。だが、彼は米国について間違った情報を吹き込まれたようだ。結果、6年も待つことになった。それは彼にとっても我々にとっても悪いことだ」。

GMは私に、大谷が高校時代にメジャーへのあこがれを口にしたとき家族や友人、その他の人々から米国に行かないよう強いプレッシャーを受けた、といった話をした。「彼なら600万ドルでも700万ドルでもいい。もちろん、国際アマチュアのFAの獲得に関しては総額２９０万ドルという上限があるのは知っている。だがそれだって１ドルについて１００セントのペナルティーを払えば済むことだ。６００万ドルから７００万ドルは大谷が日本での新人の年にもらったカネに比べると非常に大きい。それにメジャーに上がれば彼のサラリーはスカイロケットのように暴騰する。１０００万ドルを超えるだろう。いやそれ以上かも」。

　私はＧＭに、大谷が心変わりして米国に行かなかったのは周囲からのプレッシャーではなく、米国のマイナー（１Ａ）暮らしは日本よりはるかに難しいことを理解したためだと説明した。米国のマイナーでは12時間のバス移動がザラで日本食のない町に住むことになる。日本人女性とデートをする機会もなく、日本語で話せる人もいない。仮に７００万ドルもらっても使う場所がないが、日本にいれば新人の年から一軍でプレーでき、ナショナル・ヒーローとして扱われる。慣れ親しんだ環境、優しい環境で上達してサラリーもアップ。企業からのＣＭ依頼もあり、最終的に田中のようにＭＬＢと1億５０００万、あるいは2億ドルで契約できるのだ、と。

　同時に、いまだに米国内に根強くはびこっている、間違った認識も正しておく必要があった。日本の選手をポスティング・システム（入札制度）にかけた場合、上限が２０００

万ドル（20億円）となった今、日本ハムはダルビッシュ有のときのように5100万ドルというインセンティブをもらえなくなった。だから日本ハムは早めに大谷をトレードに出すのではないか、という考えだ。私は、「日本ハムは大谷を抱えることでチケットの売れ行きを伸ばし、グッズのほかにもさまざまな収入を見込める。それは少なくとも年間2000万ドルを超える。だから、どうしてもそうせざるを得ない日が来るまでは決して大谷を手放さないだろう。そしてその時期が来てもなお、日本ハムが大谷を出さないと主張したら、ファンが怒り同社の株が下落するピンチになる。これは田中と楽天の間に起きたことだ」と説明した。

キャッシュマンGMはしばらくして、「うちがトレードを仕掛けられないのが残念だ」と呻《うめ》いた。「うちから5人を出して大谷と交換するのはどうか。日本に行く選手を5人も見つけられるだろうか？　彼らは日本に行くというだろうか？　それは分からない。だが、もしそれが私なら行く。私は日本が好きだ。だが、トレード話はルール違反だ。考えること自体、的外れなんだ」。かつて「悪の帝国」の異名をとったヤンキース。キャッシュマンGMの苦悩は計り知れないように見えた。

あれから4年後、快進撃を続ける大谷を目の当たりにして、キャッシュマンはどう感じただろうか。次に会ったときに尋ねてみるつもりだ。

第3章 助っ人ガイジンは日本をどう変えたか

王を引き留めた〝空気〟

ソフトバンクの王貞治球団会長が2019年1月18日、東京都内の日本記者クラブで、もし今の時代に現役だったらメジャー挑戦は？との質問を受け、「そこに山があったら登りたいのと一緒。チャレンジはしていたと思う。速い球は得意だったし、自分の中では（メジャーでも）やれるという感覚だった」と答えた。

だが、現役時代の王がメジャー挑戦を口にすることは、ついになかった。

当時は、日本のスターが米国に渡ってプレーすることなど考えもつかない時代。渡米は「日本のファンを〝裏切る〟行為」だった。それを変えたのが野茂英雄だったことは知られているだろう。最初、〝裏切り者〟と言われたが、ドジャースで成功を収めると一夜にして英雄になり、多くの日本人スター選手が野茂の後を追った。今では日本のスター選手ならメジャーに挑戦することの方が当たり前。大谷や菊池雄星《ゆうせい》は高校生時代からすでに「メジャーに行きたい」と公言していた。

そんな王の時代でも、米国からやって来た助っ人ガイジンたちは「王なら絶対メジャーで通用する」と認め、渡米できないことを惜しんでいた。王だけでなく、長嶋茂雄、金田正一《まさいち》、江夏豊といった選手もガイジンたちの目には「メジャーで通用する」と映っていた。

〝裏切り者〟野茂から大谷まで。彼らのメジャーに対する意識を変えさせたのが、こうした〝ガイジン選手〟だったことは言うまでもない。米国から日本に来た助っ人ガイジン選手は、すでに800人を超えた。その中から、日本人の野球に対する考え方に決定的な影響を与えた12人を紹介したい。

それは決して心楽しい交流劇だけではなかったのだ。

1 「やりすぎ」と言われたメジャー流

メジャー流の貪欲な走塁

日米が戦った第二次世界大戦では、沢村栄治《えいじ》投手ら多くのスター選手が戦死した。米国から初めて日本のプロ野球に来た〝助っ人〟は、ウォーリー与那嶺《よなみね》という外野手だった。

彼はもともとアメリカンフットボールの選手で、サンフランシスコ49ers《フォーティーナイナーズ》に所属していたが、試合中に手首を骨折して1950年に野球に転向、パシフィック・コースト・リーグ（PCL）の、サンフランシスコ・シールズ傘下[*1]のマイナー球団に所属していた。日本に来たのは51年のシーズン途中。当時シールズの監督だったレフティ・オドールの推薦で、読売巨人軍のオーナーだった正力松太郎《しょうりきまつたろう》が雇い入れた。しかし与那嶺の日本でのスタートは決して平坦ではなかった。

当時の日本野球にはなかった、非常に〝攻撃的〟なプレーを見せたからだ。どんな？——一塁への全力疾走、二塁上の「殺人スライディング」、セーフティバント、それに本盗（ホームスチール。これは11回成功した）。——現代の野球ファンにとってはさほど驚くにあたらないだろう。しかし当時の野球ファンはこれを「やりすぎだ」と感じたのだ。

もっといえば、多くのファンが彼の受け入れを拒絶した。与那嶺は日系二世だったが、ハワイ州マウイ生れで第二次世界大戦中に米軍の兵士だったことから、彼を「裏切り者」と見る日本人が多かったのだ。巨人の本拠地・後楽園球場のスタンドからは「ヤンキーゴーホーム」の絶叫が聞こえた。

しかし、間もなく怒りは称賛に変わっていった。来日から54試合で打率・354を記録。巨人の攻撃のカギを握る選手になった。率先して練習し、日本流を学ぼうとする姿勢で、チームメイトからの尊敬も勝ち取った。チームの主将だった千葉茂[*2]は言った。「我々がやってきたことを君もやっている。君を歓迎したい」。

合理性と義理人情

ハワイ生れの与那嶺にとって、日本では3つのことで適応に苦労した、と後に告白した。ひとつは巨人のコーチが与那嶺に課した、100本のフライを捕球する練習だった。極限まで疲れさせて、野球は難しいものだ、ということを教えるのが目的の反復練習だったが、米国では全く経験したことのないものだった。もうひとつは汽車での移動。カープとの試合があれば、東京から広島まで二等車の固い座席に18時間座り続けることになった。3つめは日本の酷暑だった。「最初の夏は我慢できないほど暑かった。氷の塊を扇風機の前に置き、そこにただ寝そべっていた。耐えられない暑さだった」。

そんな中でも与那嶺は首位打者に3度輝き、当初のファンの冷たさにもかかわらずオールスターに8回選ばれ、巨人の日本一に4度貢献した。ライナーの打球が得意だったが時

＊1　1903年に創設された、同リーグの優勝争いの常連。1957年、メジャーのニューヨーク・ジャイアンツとともに西海岸へ移り、フェニックス・ジャイアンツとなった。

＊2　愛媛県生れ（1919〜2002）。川上哲治や青田昇と並んで巨人で活躍。ファウルで粘る打法でも有名。1950年から3年連続で四球数がリーグトップだった。1試合での6得点（48年）はプロ野球1位記録。

折パワーも見せつけた（年間13本塁打が自己最高）。千葉茂からはファウルで逃げる方法を学んだ（1952年には1打席で16本のファウルを打っている）。

与那嶺は〝野球の神様〟だった川上哲治[*3]と激しいライバル関係にあった。川上は「ガイジン選手嫌い」を公言しており、1960年に巨人の監督に就任すると、与那嶺は中日に移籍することになった。

しかし与那嶺はリベンジする。移籍した1961年の開幕戦（対巨人）で決勝本塁打を放った。74年には中日の監督に就任し、20年ぶりにリーグ優勝して巨人のV10を阻止した。長嶋茂雄とは親しい友人関係を結び、後に長嶋巨人のコーチもつとめた。1994年に野球殿堂入り。数年間、六本木でジェーン夫人とともに「ヨナミネ真珠」という店を経営した。野球選手には大きく値引きし、映画スターや政治家が頻繁に出入りした。ロサンゼルスの高級ショッピングスポット、ロデオドライブに支店を出したこともある。

がんとの闘病の末、2011年2月28日に死去した。葬儀には長嶋、王、そして中日の監督時代のエース星野仙一の姿があった。星野は「与那嶺さんに怒られたことは一度もない。懐が深く、米国の合理性と義理人情の両方を持っていた」と評した。

開花した選手を厚遇

ほとんどの米国人はジョー・スタンカという名前を聞いたこともない。しかし彼は1960年代に活躍した助っ人ガイジンとして、多くの日本人の記憶に長く残っている。

スタンカは1964年にガイジン投手としてプロ野球史上初のMVPに輝き、その年、阪神との日本シリーズに勝って日本一になった。日本で大変な人気者になり、彼の半生は元慶応大学教授・池井優のベストセラー『ハロー、スタンカ、元気かい』（1983年）に描かれた。身長6フォート6インチ（198センチ）、200ポンド（91キロ）。オクラホマ州出身の右腕投手は、米国ではマイナー暮らし10年と下積みが長かった。メジャーのシカゴ・ホワイトソックス[*4]で計5回と3分の2を投げたが、米国ではもう将来がないと見切りをつけ、有名な日系人スカウトのキャピー原田の紹介で60年、南海ホークスに入った。

1960年代に日本で活躍した助っ人は、ケント・ハドリー、ジャック・ブルームフィー

*3　熊本県生れ（1920〜2013）。首位打者・本塁打王・打点王をそれぞれ複数回獲得。赤バット、「ボールが止まって見えた」の言葉で知られる。監督時代の1965年から73年まで、9年連続で巨人の日本一を達成した（V9）。

*4　ア・リーグ中地区所属。1901年創設。

ルド、ジーン・バッキー（後述）、ラリー・ドビー、ドン・ニューカム、ジム・マーシャル、ダリル・スペンサー（後述）、ドン・ブラッシンゲーム（後述）、ジョージ・アルトマン、ウイリー・カークランドらだ。多くはメジャーで実績を残してからの来日だったが、スタンカはハドリー、ブルームフィールド、バッキーと同様、日本で成長し開花した選手だ。来日してから変化球を覚え、持ち前の速球の威力を倍増させた。前述した64年の日本一に貢献したあと、スポーツ・イラストレーテッド誌は「日本のヤンク」*5という見出しでスタンカの特集記事を載せた。ただし、「ビッグ・フィッシュ、リトル・ポンド（小さな池で大きな魚が泳いだ）」という、やや見下したような内容。恩着せがましい表現で「まるで大男がリトルリーグでプレーしているかのようだった」と揶揄《やゆ》した。

しかしスタンカは気にも留めなかった。年俸は2万ドル。当時1ドル360円だから720万円だ。メジャーの平均年俸が1万7000ドルだった時代。当時最高年俸だったミッキー・マントルでさえ9万ドル（3240万円）だった。スタンカは「マントルですら我々ガイジンがここで受けているほどの待遇ではない。ここでは皆、あなたは幸せですか、何かして差し上げることはありませんか、と聞いてくれる」との有名な台詞を吐いた。

奇妙なことに、日本でスタンカの最大のライバルとなったのは同じく米国では無名だったジーン・バッキーだった。マイナーの3Aハワイ・アイランダーズに所属していたバッキーに、阪神の藤本定義《さだよし》監督から依頼された日本のスポーツ紙の記者が声をかけ、入団テストを受ける。球速はあったがコントロールがひどすぎた。それでも、「磨けば光るかもしれない」という藤本監督の一声でパス。当時阪神にいた小山正明《こやままさあき》のスライダーを研究し、さらに得意のナックルボールを決め球に、先発の仲間入り。1964年、29勝9敗、防御率1・89を記録して最多勝利、最優秀防御率のタイトルを獲得し、外国人選手として初めて沢村賞を受賞した。

こうして日本で花開いたスタンカとバッキーにメジャーから誘いが来たが、2人はこれを拒否した。日本より年俸が少なかったのだ。

「中2日」で残った成績

スタンカの日本での最初の年は、38試合で17勝12敗、防御率2・48だった。この防御率はパ・リーグ6位。しかし、チームのエースというわけではなかった。その称号は31勝11敗

＊5　ヤンキー（Yankee）と同様、米国北部や北東部諸州の人間を指す。

だった杉浦忠《ただし》に行った。杉浦はその前年の1959年には38勝4敗をマーク。日本シリーズでは4連投4完投で巨人を倒している。2018年の最多勝はセリーグで15勝、パリーグで16勝。渡米直前の田中将大は24勝で、それすら異例と騒がれた。杉浦やスタンカとのこの差は何なのか？ それは、日本のプロ野球で投手の登板がまだ「中2日」の時代だったということだ（今は週に1回）。当時最高といわれた投手は西鉄の稲尾和久《いなおかずひさ》で、1961年に42勝14敗、防御率1・69を記録した。これは（戦前巨人にいたビクトル・スタルヒンと並んで）今に至るまで歴代1位の記録だ。

戦争中に荒削りな若者が軍隊を志願したように、戦後の野球は、こうした若者たちを惹きつけた。スタンカの監督で、「親分」と呼ばれた鶴岡一人《かずと》は「ある意味、陸軍と海軍に取って代わったのが野球だ」と言ったものだった。

2年目（61年）のスタンカは41試合で15勝11敗。62年は8勝10敗、防御率3・62に落ち込んだ。それでも翌63年は34試合で14勝7敗、防御率2・56にまで回復。4完封はパ・リーグ1位タイだった。

スタンカにとって最高の年は1964年だった。47試合で26勝7敗、防御率2・40。杉浦の20勝15敗、防御率3・02を上回って、ガイジン初のMVPに輝いた。完封勝利6はリーグトップ。防御率は妻島芳郎《つまじまよしろう》（大毎オリオンズ）の2・15に次いで2位。最多勝利はロッテに移籍した小山正明の30勝だった。

阪神タイガースとの日本シリーズでは、第1戦で村山実《みのる》*6と投げ合い2－0で完封勝ち。第3戦は4－5で敗れたが、シリーズを2勝3敗とリードされ、崖っぷちに立たされた第6戦で同年沢村賞を取るバッキーと投げ合い、4－0で2度目の完封勝ちをおさめ、第7戦も先発。再び村山を倒し、3－0で完封勝ちしてチームを日本一に導いた。日本シリーズでの3完封は空前絶後だ。シリーズは3勝1敗、防御率1・23だった。翌65年は34試合で14勝12敗、防御率3・28だった。

闘志と家族愛

髪は茶、青い眼で、肌はピンク。「赤鬼」のあだ名がついたスタンカは皆に好かれたが、マウンド上では非常にクールで、平気でビーンボール（故意に頭部を狙った投球。beanは俗語

＊6　1936～98。最優秀防御率、最多勝、最多奪三振をそれぞれ複数回獲得。「ミスター・タイガース」と呼ばれた。

で「頭」の意）を投げ込んだ。1964年には近鉄のチャック・アシージアンに危険球を投げ、プロ野球史上初の米国人同士の乱闘となった。

退場も計3回。猛烈な抗議の結果で、2回は審判、1回は相手監督だった。最も有名な事件は1961年の巨人との日本シリーズ第4戦。1点リードの9回裏2アウト、宮本敏《とし》雄《お》をカウント2ストライク1ボールと追いつめ、自信を持って投げ込んだ投球を円城寺《えんじょうじ》満《みつる》球審に「ボール」と判定され、激怒。次の球を宮本に痛打されてサヨナラ負けを喫すると、スタンカはホームベースのカバーに入るようなふりをしながら円城寺に体当たりして突き飛ばしたのだった。シリーズは敗れたが、スタンカは「敢闘賞」を獲得。新型のバイクが副賞で、夫人には真珠が贈られた。

スタンカは心から日本が好きだった。六甲山の麓の家に妻と3人の子供と暮らした。冬も大阪で過ごしたが、1965年の感謝祭の前に、長男のジョイ君が風呂場のガス事故で死亡する悲劇に見舞われた。傷心のままスタンカは引退を決意したが、すぐに翻意して翌66年は大洋ホエールズで1年間プレーした。しかし腕を痛めており6勝13敗、防御率4・17で終えて今度こそ本当の引退となった。その後テキサス州ヒューストンに戻り、保険や不動産の仕事をした。日本での最終記録は100勝72敗。来日ガイジンではバッキーと並ぶ最多勝利数だ。２０１８年10月15日、家族に看取られテキサス州の自宅で死去した。ファンは決してその勇姿を忘れないだろう。

2　勝つことを追求する姿勢

正真正銘の〝助っ人〟

スタンカが南海で活躍する間、同じパ・リーグで下位を低迷し「灰色のチーム」と呼ばれた阪急ブレーブスに加入し、チームを常勝軍団に引っ張り上げた功労者として人々の記憶に残ったガイジンがいた。まさに「助っ人」の名にふさわしいダリル・スペンサーだ。１９６４年から72年にかけて、２年のブランクを挟んで７年間、二塁手として活躍した。

スペンサーが来日したのは35歳の時だった。メジャー10年間の打率は.２４４、１０５本塁打、４２８打点。中堅選手といったところだろうか。ＮＹ／ＳＦジャイアンツで遊撃手として活躍したあと、セントルイス・カージナルスやドジャースなど名門チームに短期間在籍したが、１９６４年シーズン終了時にシンシナティ・レッズから解雇され、阪急ブレーブスのユニホームを着た。

彼は即座に結果を残した。パワーのある打撃と高打率で阪急を一流チームに押し上げ、球団史上初のパ・リーグ優勝を含む４度の優勝に貢献した。これほど明白かつ十分に「助っ人」の役割を果たしたガイジン選手はほかにいないと言っていいだろう。それだけに、年俸は最初の２万２５００ドルから４万４５００ドルに跳ね上がった。１９６４年はまだ１ドル３６０円の時代。２万２５００ドルは日本円で８１０万円。当時の日本の民間人の平均年収は41万円だった（４万４５００ドルは１６０２万円だ）。

サムライ野球とのズレ

それはともかく、スペンサーを有名にしたのは「メジャー流スライディング」だった。ウォーリー与那嶺がこの10年前、ダブルプレーを阻止するスライディングを日本に伝授したが、スペンサーのそれは相手を空中に投げ出すレベルのものだった。６フィート４インチ（１９３センチ）、２２０ポンド（１００キロ）の巨体をもつスペンサーが靴底のスパイクを相手内野手に向けてスライディングする時は相当な脅威となった。

日本で初めて二塁に滑り込んだときには、相手二塁手が外野方向に吹っ飛び、ほぼ意識不明になった。試合は30分間中断し、審判団はこうしたスライディングを認めるべきかどうか協議した。結論は「反則ではない」。スペンサーには「怪物」のあだ名がつけられ、シーズン終了前にはチームメイトもこのスライディングを覚えた。

スペンサーはプロ野球の試合前練習を嫌い、嚙みタバコを愛し、それを地面に吐き出した。そうした姿は当時の巨人とは正反対だった。１９６５年から73年まで日本一に輝いた巨人は球界のリーダーを自認した。川上哲治監督は「野球は禅だ」とも教えた。王は、天井から吊された紙を真剣で真っ二つにして打撃の極意をつかんだといい、長嶋は寝るときもバットを腕に抱え、ガバッと起きては素振りを繰り返したという。正力オーナーのモットーは「巨人は紳士たれ」「巨人は常勝たれ」だった。

その巨人は日本シリーズで１９６７年から69年までと、71年から72年の計５回（うち４回はスペンサーが参戦）、阪急を破って日本一に輝いた。当時は「道徳性《モラリティ》の違いが勝敗を分けたのだ」と囁かれたものだった。巨人は〝邪悪なガイジン選手〟に頼らない〝純血〟チームとされ、どこよりも猛練習をする「サムライ流」を貫いていた。

しかし野村克也はスペンサーを高く評価していた。スペンサーは何が何でもダブルプレーをさせないという激しいスライディングを日本に紹介した。また、相手投手の特徴をメモし、次にどんな球を投げるかのクセを見抜いてチームメイトに伝えていた。これは有名な話だが、勝つことを追求するこうした姿勢はそれまでの日本野球に乏しかったのだ。

敬遠に抗議する

１９６５年に起きたパ・リーグ本塁打王争いでの出来事は、当時の日本人のガイジン選手に対するアンビバレンス（２つの相反する感情）を象徴するものだった。

その年の８月までにスペンサーは32本塁打を放ち、南海の野村克也（25本塁打）をリードしていた。当時のことをスペンサーは私に、こう話してくれた。「野村の南海ホークスは優勝争いで独走していたから、残る楽しみは本塁打王争いに移っていた。すると打撃コーチの青田昇《のぼる》が通訳を連れて私の所に来てこう言ったんだ。『お前は首位打者争いで野村に勝つよう努力しろ』と。その時、打率は野村が・３４０で私は・３２０だった。打点でも大きくリードされていたが、本塁打では逆に私が７本もリードしていた」「当時日本で三冠王を達成した選手はおらず[*7]、うちの打撃コーチや、過去の偉大な打者たちは野村に最初の栄冠が行くことをいやがっている、だから彼らが米国人である私にそれを阻止するよう期待したんだ」。

青田コーチは次のように説得した。「野村はシーズン後半にスランプに陥る傾向があり、打率が落ちてくる」と。「私は『心配しないで。私が本塁打王になるから』と言ったが、青田コーチは『そうじゃない。本塁打王はもう決まっている。首位打者に集中しろ』という。私は『決まっているって何だ』といぶかったが、それ以上は深く考えなかった」。

当時、東京・駒込の小さなアパートに住んでいた私は、その直後からの本塁打争いをよく覚えている。

敬遠に抗議してバットを逆さまに構えたスペンサー。捕手は野村。1965年10月3日（スポーツニッポン新聞社／毎日新聞社）

青田コーチとの話し合いのあと、スペンサーはヒットを打つチャンスを与えられなかった。パ・リーグの投手たちが一斉に敬遠策に出てきたのだ。これでは本塁打は打てない。東京オリオンズとのシ

*7 中島治康（巨人）による1938年秋の記録（打率・361、本塁打10、38打点はすべてリーグトップ）は当時必ずしも「三冠王」と捉えられていたわけではなかった。

リーズでは8打席連続敬遠。抗議の意味を込めて、スペンサーはバットを逆さまに持って打席に立った[*8]。日本の新聞はこのシーンを大きく報道したが、敬遠は止まらなかった。オリオンズの投手で後に野球殿堂入りした小山正明は「精密機械」と呼ばれるほどのコントロールの持ち主だったが、その小山でさえスペンサーを敬遠した。そしてこの台詞を吐く――「なんで外国人にタイトルをとらせなくてはならないんだ。我々投手がもし誰かにタイトルをとらせるとすればそれは日本人だ」。

「小山がそう言ったのは聞いていた。新聞でも読んだ。『ひどい』の一語に尽きる。日本のプロ野球はブッシュ・リーグ（bushは「ヤブ、二流」）、低レベルだ。3チームが勝負を避けた。ただ2チームは勝負してくれた。監督は何か報復を、と言ったが、私はもうその気もなかった」。

不可解なバイク事故

スペンサーは残り11試合というとき、バイクで交通事故を起こし左足を骨折、本塁打競争にピリオドが打たれた。シーズン終盤の南海戦で、スペンサーにはまだ野村に追いつくチャンスがあった。

「野村は打率・320で40本塁打。私は37本だった。私はジョー・スタンカから本塁打を打った。彼は私との勝負を避けなかった数少ない投手の1人だ。だが我々が早々とスタンカをKOしたため、続く2回の打席では敬遠だった。それでも38本塁打とした私は自信に溢れてきた。残り11試合で野村に追いつこうと決意を新たにした」「次の試合はホームで、相手は私との勝負を避けなかった2チームのうちの1つだった。おかしなことに私が『今日はホームランを打つ』と言った日には、ほとんどの試合でホームランを打てた。その日の試合前、私は妻にこう言った。『今日は試合を見に来て欲しい。1本出そうな感じがする。いや2本かも』とね」。

「私は小さなホンダのバイクで自宅から最寄りの駅まで行き、そこでモーターサイクルを止めて、そこから阪急電車に乗って球場入りしていた。家を出て200ヤードほど行ったところで、小さな配送トラックが道路脇にいるのに気づいた。その車が突然飛び出し、私は避けようとしたが、道路反対側の壁に激突した。私は足を骨折してシーズン最後の11試合を欠場し、野村が三冠王を獲得した。私は本塁打王になれると心から信じていた。だが、

＊8　有名な長嶋の敬遠抗議（バットを持たずに打席に入った）は、この3年後である。

本当のところは誰にも分からない」。

野村、あるいはその支援者が事故を準備したのでは、との憶測も飛び交った。「ことによったら」とスペンサーは記者団に答え、「私はそれを笑い飛ばした」。スペンサーの本塁打は38本。野村に2本及ばなかった。

〝ガイジン〟の典型的イメージ

スペンサーはその後も活躍した。1968年までにオールスターに2回選出。さらに71年から2年間、選手兼コーチで再来日した。通算152本塁打は当時の外国人選手のトップ。V9時代の巨人との試合では格別に素晴らしい活躍を見せた。

当時の人気漫画『巨人の星』のアニメの中で、スペンサーは日本シリーズの大事な局面で主人公・星飛雄馬《ほしひゅうま》投手と対決する。

——スペンサーが打席に入る。上野動物園か猿の惑星からやってきた野獣のようだ。髪はブロンド。茶色の毛深い腕と指。噛みたばこを噛み、それを吐き出して星に向かって叫ぶ。「カモン・ベイビー」。ゆっくりと手を振り、殺人者のような敵意に満ちた目だ。星が「大リーグボール1号」を投げる。スペンサーがこれを強振。大飛球はスタンドへのファウル。ファンが叫び声をあげた。スペンサーは一切動じず、「ヘイ　カモンベイビー」。

星は恐怖に震えた。しかし、暗闇の中、たいまつの明かりを頼りに、釣船の上で釣竿につるした5円玉を狙う特訓を思い出して我に返った。スペンサーはまた叫んだ。

「ヘイユー　カモン　アンド　ハリーアップ　ベイビー」

星が投げた。打球はスペンサーのバットのグリップエンドに当たった。三塁手の長嶋がこれを処理してアウト。星の勝ち。巨人はまたも日本シリーズを制した。スペンサーの声が聞こえた。

「オー　テリブル　ゴッダム」——。

ここには、当時の日本人が外国人選手をどう思っていたのかが鮮やかに描かれている。

常に〝逆〟を考える

スペンサーは来日して「2、3年で日本を理解できた」という。どういうことか。

1973年、カンザス州ウィチタのスペンサーの自宅を私が訪ねると、彼はこう切り出した。「日本で成功する秘訣《ひけつ》は、常に〝逆の考え方〟ができるかどうかだ」「米国でしていたことと反対のことができればＯＫだ。春のキャンプは真冬に始まる。初日からハードな練習が始まる。米国ではその時期はゆっくり体調を整えていくだけだが」。

「米国の投手がストライクを投げてくるシチュエーションなら、日本ではボールが来る。一塁に走者が出れば日本では送りバントが奨励され、ヒットエンドランはない。ダブルプレーを防ぐために二塁に激しくスライディングするプレーは禁止、なぜなら相手を傷つけるから、と言われた。日本ではそれでいつもトラブルになった。私は非常に態度が悪いといわれ、『怪物《モンスター》』と呼ばれるようになった」「同時に、チームメイトをからかってもいけないと言われたよ。『プラクティカル・ジョーク（相手に実害を及ぼす悪ふざけ）を仕掛けてはいけない、チームのミーティングには早めに顔を出せ、試合前の練習ではベストを尽くせ、ダグアウトで大騒ぎするな、チームの和を乱してはならない』とね。そして『日本人選手にタイトルを取らせろ』だ」。

これらはある意味で、慣れ親しんだ〝呪文《マントラ》〟だ。私自身も日本で経験していたため、これを聞いて少しノスタルジックな気分になったのも事実だ。

「日本の野球はメンツを潰すか、潰さないかの世界だ」とスペンサーは続けた。「打者は三振を嫌がって犠牲バントをする。これは同時に、チームのことを考えたプレーだと主張できる。投手はストライクで追い込んだあとヒットを打たれると罰金が待っているので2ストライクを取るとコーナーをnibble（丹念に突く。大胆でないことを示す）する。コーチは自分が仕事をしていることを証明するため足繁くマウンドに駆け寄ってアドバイスを与える。これで時間がかかり、米国より試合時間が長くなる。メジャーはその反対だ。犠牲バントはアウトを1つ無駄にすること。3球三振が多く、コーチは選手に任せる。全く違ったスポーツのようだった」「余りに試合時間が長いから、私は内野に椅子が欲しくなった」とも。

金を払ってでも見たい日本選手

スペンサーの日本野球評はこうだ。「日本の野球は決して悪くない。オールスターを束ねたチームなら、メジャーで年間5割の勝率を上げられるだろう。だが選手層に厚みがない。私はメジャーでは並の選手だった。ほとんどの投手から時々ヒットを打てたが、サンディ・コーファクス、ドン・ドライスデール（いずれもドジャースのサイ・ヤング賞投手[*9]）から

＊9　コーファクスは1960年代に同賞（同時に投手三冠王も）を3度獲得している。

は1度もヒットを打つことができなかった。それでも私は日本でスターになった。それが違いといえば違いだろう」。

「日本にも、金を払ってでもそのプレーを見たいという投手が何人もいた。江夏豊[*10]（元阪神）、米田哲也《よねだてつや》[*11]（元阪急）、平松政次《ひらまつまさじ》[*12]（元大洋）らだ。だが金を払っても見たい打者は王と長嶋だけだった」。

彼とのインタビューは私にとって最高の時間だった。とてもフランクで、日本での経験を喜んで話してくれた。２０１７年1月2日、死去した。享年88。

3　ガイジンが監督をやったら

考える野球（シンキング・ベースボール）

スタンカと入れ替わるようにして南海ホークスへ来た助っ人がドン・ブラッシンゲームだった。彼は日本に来た元メジャーリーガーの中で、日本での滞在期間がいちばん長い。選手、ついでコーチ、最後に監督もつとめ、トータル16年になった。スペンサーと同様、野村克也によれば「日本の野球を変えた」存在だ。

米国ではカージナルス、レッズなどで二塁手として活躍、オールスターにも選ばれるほどだった。1961年にはレッズの二塁手としてワールドシリーズに出場しヤンキースと戦った。ボールを地面にたたきつけるスラップ・ヒッターで、バントの名手だった。走者がいない場面でのセーフティバントの成功率は88％。走塁の速さから「ブレイザー（速球）」のニックネームがつけられた。

1967年に来日し、南海の二塁手として3年間プレーする。選手登録名はニックネームを生かして「ドン・ブレイザー」。1年目の打率は.268。メジャー時代の平均打率と同じで、パワーがあるとは言えなかった。

5フィート11インチ、170ポンド（180センチ、77キロ）。阪急で恐れられたスペンサーよりひと回りは小さく、相手を威圧するタイプではなかったため、ある意味で歓迎さ

＊10　シーズン最多奪三振記録（1968年に401個）保持。
＊11　通算勝利数350勝は金田正一に次ぐ歴代2位。
＊12　回転によって、打者の手元で鋭く曲がる球が「カミソリシュート」と呼ばれた。

れたガイジンでもあった。日本人はブレイザーが好きだった。常に礼儀正しく、相手を尊敬する姿勢は、他のガイジン選手と一線を画した。野球に関する知識は誰よりも秀でていた。

現役引退後、ブレイザーは野村克也監督のもとで8年間、コーチをつとめた。プロ野球史上初の「白人コーチ」だった。三冠王を獲得した強打の捕手、野村克也は戦術家として知られ、プロ野球史上でも最も優れた監督の1人だが、その野村がブレイザーを「シンキング・ベースボール（考える野球）」と称えた。セーフティバントは犠牲バントに勝る。アウトを1つ無駄にしないからだ、などなどの理論を野村は尊重。野村が捕手で試合に出ている時は、ブレイザーに指揮を任せた。ブレイザーは野村を「ムース」の愛称で呼んだ。スペンサーはこう評した。「ブレイザーは野村に米国式野球のPh.Dコース（博士号課程）を教えた」。

ブレイザーと妻のサラは日本が好きだった。サラは1957年の「ミス・ミズーリ」で、チャールストン（・ダンス）のコンテストで優勝したことがある。サラの父親はメジャーで17年間捕手をつとめたウォーカー・クーパー。ブレイザーがカージナルスに新人で入団したときの先輩だ。そのブレイザーがサラと結婚したときの思いをクーパーはこう書き記している。「うちの二塁手と結婚するような年齢に娘がなったということは（現役を）やめるときだ」。ブレイザーとサラは神戸に居を構え、4人の子供を育てた。そのうちの1人グレッグは有名なサッカー選手になった。

「白人監督」は何を妥協したか

ブレイザーはカージナルスのマイナー（3A）の監督就任を打診されたがこれを蹴って日本に残った。米国のマイナーには気まぐれな若者が多すぎて自分には教えることができないと話している。金銭面で日本の方がよかったことも一因だ。

ブレイザーは1978年に古葉竹識《こばたけし》監督の広島で一軍守備兼ヘッドコーチを務めたあと、79年に阪神タイガースの監督に就任した。指揮をとったのは1年半。最初はよかったが最後は悲惨な結果に終わった。今も阪神ファンの語り草だ。

ブレイザーは白人監督第2号だった。第1号は1975年にカープの指揮をとったジョー・ルーツ。しかしルーツは1カ月しかもたなかった。「魚より肉をとれ」「熱い風呂に入ることは選手のエネルギー・レベルを下げるのでよくない」などと米国流を押しつけたことから激しい批判にさらされた。さらに悪いことにルーツ監督は再三、審判に抗議して球団首脳を困惑させた。プラス面を探すと、ルーツは選手の夫人たちをミーティングに呼んで、ダイエットや健康について話をした。前年まで3年連続下位に低迷したチームの帽子を紺から赤に変えた。広島の代名詞でもある「赤ヘル」の生みの親。ルーツは解任されたが、ルーツの起こした意識革命のおかげでチームは1975年のセ・リーグを制したばかりでなく、79年と80年には日本一に輝いた。

さてブレイザーは1979年、阪神の監督に就任早々、人気の田淵幸一捕手を西武に放出。代わって真弓明信、竹之内雅史《まさし》、若菜嘉晴《よしはる》らを獲得し、これはファンから激しい批判を浴びた。この年、阪神は61勝60敗9分けでセ・リーグ4位に終わる。しかし最下位に終わった前年に比べると大きな前進だった。前年（78年）の秋は「空白の1日」をついた巨人の江川卓《すぐる》獲得で日本中が騒然となり、79年1月、コミッショナーの「強い要望」で、江川はいったん阪神に入団し、そこからトレードという形で小林繁《しげる》投手が阪神入りした。その年、小林は22勝し、巨人戦で8勝して最多勝と沢村賞を獲得した。

日本で監督をつとめた多くの米国人がそうであったように、ブレイザーも春のキャンプでの練習量が少なすぎると批判を浴びた。それでもブレイザーは日本の野球を「サムライ・ブルシット（bullshit は「バカなことを言うな」）」とし、猛練習は選手を疲れさせるだけだと言った。「ブート・キャンプ（海軍・海兵隊の新兵訓練所）よりひどい。障害物を置いたコースを走らせ、ハンマーや斧でスイングさせ、山道を走らせる。正気の沙汰ではない」「日本の選手は試合前に猛練習をするからシーズン後半にはエネルギーがなくなる。逆効果だ。日本のサラリーマンが1日に14時間働いて『本当に疲れる1日だったな』といって寝床に倒れ込むようなものだ。バカげている」。

それでも掛布雅之のようなスター選手が「試合前の練習が軽すぎる」と言い出してからは長めの練習を認めるようになった。ブレイザーは、「最後には日本の選手がどう感じるかが一番大切だと思うようになった。十分練習したと感じられないなら、もっと練習すればいい。米国人は正反対。彼らは練習が多過ぎると、しっくりこないと言う。同じ人間なのに文化が違う。とても変な感じだが、日本では結果的に、練習させた方がうまく行った」。

新人をすぐ起用しない

1980年、2年目のブレイザー監督は、デービー・ヒルトン二塁手の起用法を巡って激しい非難にさらされた。ヒルトンは78年にヤクルトから移籍した選手だが、80年は六大学野球のスターだった岡田彰布《あきのぶ》の新人の年。しかしブレイザーはヒルトンをスタメンで起用し岡田をベンチに座らせ続けた。

ヒルトンが開幕からヒットを打てない状態が続くと、スポーツ紙が騒ぎ出した。『週刊新潮』は「ヒルトンは試合に使ってもらうため、自分のサラリーの一部を監督に贈っている」と見出しを立てた。岡田をスタメンで起用しろとファンが騒ぎ、後楽園球場での試合後、ブレイザー、ヒルトン、ヒルトンの妊娠中の妻を乗せたタクシーが、怒った阪神ファンによって倒されそうになった。ファンは口々に「アメリカに帰れ」と叫んだ。

ブレイザー自身、殺人予告まで受けた。「今すぐヒルトンを外し岡田をスタメンに入れなければ、お前とお前の家族を殺す」という内容だった。ヒルトン夫人とブレイザー夫人は球場に通うのをやめた。

ブレイザーの判断はごく米国流で、「岡田はまだルーキー。5万人の観客の前でスタメン出場させるのは大きな重圧になる」というものだった。しかしファンはこの論理を受け付けなかった。4月に掛布が故障するとブレイザーは岡田をスタメンで起用した。するとこの新人はすぐに結果を出し、シーズンを打率・290、18本塁打で終えた。

一方、ヒルトンは低迷が続いた。常時ファンにやじられ、メディアに批判された上、夜遅くに彼にも殺人予告が来て、とても試合に集中するどころではなかった。

フロントの介入に激怒

　ついにヒルトンをベンチに引っ込めたあと、ブレイザーは言った。「これほどまでのひどい攻撃は見たことがない。こんな環境で成功できる選手は誰もいない」。遠征でブレイザー監督とヒルトン、マイク・ラインバックのガイジン選手が五つ星のホテルに滞在し、他の選手はゴキブリの出そうな安ホテルだったということでも批判を浴びた。

監督辞任を発表するブレイザー（中央）。右は小津社長。1980年5月16日（毎日新聞社）

　そして5月14日、ブレイザーの阪神監督としてのシーンが終わる。小津正次郎《しょうじろう》・球団社長がヒルトンを解雇し外野手のブルース・ボークレアを獲得したことで、「チームを任せるという（小津との）約束が破られた」と激怒。同時にブレイザーは「ボークレアは日本では成功しない」と見抜いていた。ボークレアの入団は阪神の日本人選手のチャンスを潰すことにもなるとも言っている。「小津は野球を全く知らないイディオット（idiotは「ばか、まぬけ」）だ」といってブレイザーは辞任した。

ブレイザー退任後は一軍ヘッド兼打撃コーチの中西太《ふとし》が後任の監督となった。中西はブレイザーが個人的に選んだコーチだったが、辞任後、こう言った。「辞任は残念だが、結局、日本人の気持ちは日本人にしか分からない」。セ・リーグ会長もこう言った。「ガイジン監督は日本に合わない」。ボークレアは打率・249、8本塁打で解雇され、チームの勝率は5割をかなり下回った。

ガイジン監督の采配への批判

阪神退団後、ブレイザーは複数球団から誘われ、1981年に古巣・南海の監督に就任した。コーチに与那嶺、バーニー・シュルツという外国人2人を雇い、ジミー・タイロン、カルロス・メイというガイジン選手を獲得した。

ブレイザーは、日本語をあまり話さなかったことなど様々な点で批判を浴びた。ミーティングが少ない、犠牲バントもさせない、オフに日本にいないなど。球場ではスパイクのついたシューズではなく、スリッパを履いていた。実は慢性の痛風の持病を抱えていたのだが、これも批判された。南海は5位、翌年6位に終わり、米国野球の評判が地に墜ちた。

しかしあら探しをしても仕方がない。彼が残したシンキング・ベースボールの伝統が日本野球に新たな力を与えたことは確かだ。ブレイザーは監督として初めてそれを根付かせた。

帰国後は南海の駐米スカウトを経て、カージナルスなどでコーチを務めた。2005年、心臓発作で死去。73歳だった。「私は人生で一度も、普通の仕事についたことがなかった。それが誇りだ」。彼が稼いだ金のすべてが、野球からだった。

バックハンドでの捕球

来日した助っ人の中で最もメジャー時代の名声が高かったのはクリート・ボイヤーだった。元ヤンキースの三塁手でオールスターに出場。ミッキー・マントル、ロジャー・マリス[*13]の同僚としてチームの世界一に何度も貢献した。

アトランタ・ブレーブスに移籍した1967年に26本塁打し、69年にはゴールドグラブを受賞した。しかし71年、若手の指導方針について首脳陣と対立し、「監督は基本を無視し

*13　1934〜85。61年シーズンに61本塁打を打ち、34年ぶりにルースの記録を超えた。

ている」と批判して解雇された。翌72年は独立リーグのハワイ・アイランダーズでプレーしていたが、シーズン途中に大洋ホエールズに入団した。来日は35歳のとき。4年間プレーし、76年には大洋で守備コーチに就任した。

ボイヤーはメジャー流の守備を日本に教えたことで知られる。特に、若手だった山下大輔を一流の遊撃手に育て上げたことは有名だ。

当時、日本では内野ゴロはすべて体の正面で捕るのが正しいとされていたが、ボイヤーは「バックハンドで捕球してもいい。すべてを体の正面でというのは時間の無駄だ」と教えた。ボイヤーの日本でのニックネームは「ドクター・ベースボール」。野球に関する知識にあふれていた。

すべてが「トゥー・メニー」

ボイヤーは私が人生で初めてインタビューした現役の助っ人ガイジンだった。のちに『菊とバット』という本になった作品を書くためのリサーチ。当時、私はニューヨークに住んでいたが、日本流の春キャンプを取材するため、１９７５年2月に日本を訪れ、ここでボイヤーを紹介された。

すぐに意気投合した。私は彼の東京のアパートに招かれた。そこには、メジャーでプレーしたことのある選手が大勢いた。ロジャー・レポーズ、[*14] ジム・ラフィーバー、[*15] チャーリー・マニエル（後述）、ジョン・シピンら。[*16] 山下選手もいて、ボイヤーを心から尊敬しているようだった。

その夜のテーマはガイジン選手を迎えた日本野球のあり方だった。ボイヤーは「日本人はとてもナイスだが、野球はクレイジー。練習、ミーティング、犠牲バント、too many、トゥー・メニーだ」と言い連ねた。この話題こそが、ガイジン選手が一堂に会した際の定番だと、私はそのとき知った。

日本野球へのアンビバレントな評価

ボイヤー自身は、日本野球に対して尊敬と失望の念の両方を味わっていたようだった。

＊14　1964年からヤンキース、アスレチックス、エンゼルスでプレーし、73年に太平洋クラブライオンズ（現西武ライオンズ）に入団。このときはヤクルトに所属していた。

＊15　1965年、ドジャースで活躍して新人王。73年にロッテに入団、74年の日本一に貢献した。

＊16　1969年にパドレスでプレーしたあと72年に来日し大洋に入団。78年に巨人に移籍した。

彼は日本人選手のワーク・エシック（懸命に練習する姿）を称賛。阪神・江夏豊投手の驚くべき才能と技術を褒《ほ》めた。メジャーでもスターになれる選手がいると認め、中でも彼が絶賛したのが王貞治だった。「王がどれほど優れた打者であるか米国人は知らない。彼は『スーパー』の一語に尽きる。メジャーでプレーしていれば間違いなく殿堂入りしただろう。ハンク・アーロン[17]、テッド・ウィリアムズ[18]を彷彿させる。米国人が王のプレーを見られないのはとても残念だ」。

ボイヤーが失望したのは、コーチたちによる残酷な暴行だった。春のキャンプでは気に入らないプレーをした若い選手をコーチが蹴り、殴る。長時間の投げ込みを強いられて投手生命を失う選手もいた。

それでも、ボイヤーは日本と大洋球団に特別な敬意を払っていた。彼は球団と年俸交渉をせず「あなたたちの評価に任せる」と言って、契約書の金額欄を空白にしたまま署名だけして帰国した。私が知る限り、こういうことをしたのはボイヤーだけ。「議論しなくても暗黙のうちに分かりあえる」という日本流を信じていたのだ。当時、大洋の優秀な「助っ人スカウト」だった牛込惟浩《うしごめただひろ》は私にこう言った。「ボイヤーには品格があった。日本人がどう感じるかを理解していた」。

「火星にいるようだ」

しかし、私には当時のボイヤーは軽い鬱病だったのではないかと思えてならなかった。「日本でプレーするというのはね……」。ボイヤーはミズーリ州なまりでこう話し始めた。「火星にいるような気分だ。アパートの屋根に登って飛び降りたいと思うことがある」。彼は北米で最も有名な選手の1人だった。アトランタ・ブレーブス時代にはハンク・アーロン[17]とともにクリーンアップを打ち、ゴールドグラブ賞にも輝いた。しかし、遥か遠く離れた日本でひとり暮らし。1974年、彼は118試合に出場し打率・282、19本塁打、65打点で、2年連続のダイヤモンドグラブ賞も受賞した。しかし、母国米国はこのボイヤーの成績に全く関心を示さなかった。

帰国後はアスレチックス、ヤンキースなどでコーチを務め、両方でビリー・マーチン監督[19]と組んだ。ヤンキースではあのデレク・ジーター[20]の新人の年、内野コーチを務めた。

*17 1954年からブレーブスでプレー。通算2297打点はメジャー歴代1位。
*18 1939年からレッドソックスでプレー。三冠王2回。
*19 1950年からヤンキースなどでプレーした。ヤンキース監督時76・77年にア・リーグ優勝、77年は世界一。

退団後の2000年からは野球殿堂のあるクーパーズタウンそばにレストラン「クリート・ボイヤーのハンバーガーの殿堂」を出した。ヤンキースの同僚だった選手の名を冠した「ザ・ミッキー・マントル　チーズバーガー・デラックス」などがメニュー。ボイヤー自身、この店で客と談笑し、サインをしている姿を目撃されている。2007年6月4日、脳内出血のためアトランタの病院で逝去。70歳だった。

4　輝かしき「80年代」

最高のプレーと最低のプレー

ボイヤーから10年後、強烈な印象を残す助っ人ガイジンたちが活躍を始める。

ウォーレン・クロマティは1980年代で最も人気のあるガイジン選手の1人だった。風船ガムを口にし、打席や塁上でふくらませては破裂させた。外野の観客席の巨人ファンに向かって、「バンザイ」を促すパフォーマンスも見せた。本塁打を放つと拳を空に突き上げる「ガッツポーズ」でも有名になり、チームメイトもこれを真似するようになった。

もとはモントリオール・エクスポズで9年間活躍していた。巨人には1984年に30歳で加入し90年までプレーした。派手な性格と、前歯の間のすき間が特徴だった。当時、日本に来る助っ人はメジャーで通用しなくなった選手が多かったが、クロマティは選手として全盛の時に来日した初めての選手で、87年と89年には巨人の優勝と日本一に貢献し、89年には打率・378で首位打者、セ・リーグMVPに輝いた。

プロ野球史上「最低」とされる行為と「最高」と称されるプレーをし、その両方がファンの記憶に残っている。「最低」は1987年6月11日の中日戦でのことだった。宮下昌己《まさみ》から受けた死球に怒り、マウンドに駆け寄りながら帽子を取って謝れと要求するも宮下が応じなかったため、あっという間に宮下の顔面に右手で強烈なパンチを見舞った。これで大乱闘となり、翌日のスポーツ紙を賑わせた。

大洋戦、二塁打で先制点を奪いベース上で風船ガムを膨らませるクロマティ。1987年9月6日（毎日新聞社）

＊20　1974年生れの元遊撃手。95年からヤンキースでプレーし、96年の新人王、ゴールドグラブ賞5回ほか数々の賞を獲得。

ドラゴンズ・ファンの怒りはすさまじく、次に巨人が名古屋に遠征したときは、ホテルまで警官が護衛についたほどだった。球場は「くたばれ、クロマティ」と書かれたプラカードを持ったファンであふれ、250人の警備員が動員された。

逆にクロマティが最も輝いた瞬間は、1986年の10月3日だろう。前日のヤクルト戦で頭部に死球を当てられて入院したが、翌日には病院を抜け出し、ヤクルト戦の球場に入ってナインを驚かせた。そして6回に代打満塁ホームランを放ち、泣きながら生還。王監督と抱き合った。この年の巨人は優勝こそ逃したが、この一撃をきっかけに終盤まで激しいペナントレースに加わった（勝率でわずかに優った広島とは、ゲーム差は0だった）。

王とフロントに落差

クロマティと当時の監督、王貞治との関係は特別だった。特に親密で、日本で生れた息子のミドルネームを「オー」としたぐらいだ。変化球主体の日本の投手に手こずっていた左打ちのクロマティを見た王監督は、左肘と脇腹の間に本を挟んで打撃練習をしてみては、と助言。クロマティはこれによってコンパクトなスイングを身につけ、ボールをバットの芯でとらえる確率を高めていった。彼は「打撃に関しては王監督が誰よりもよく知っていた。バットを構える位置、体のバランス、手首の返し方。私はスランプに陥るたびに、王監督のもとに行った。彼は世界一の打撃コーチだった」と言っている。

私がそのクロマティを取材したのは1986年。男性誌『月刊PENTHOUSE（ペントハウス）』のためだった。そのインタビューでクロマティは、巨人のフロントは「レイシスト（人種差別主義者）」だと言い切った。「純粋な日本人の長嶋茂雄監督には深々とお辞儀するのに、父親が台湾出身の王監督には下っ端の従業員に対するような態度を取った。私は黒人だ。1マイル先からでもレイシストを見分けることができる。王監督には横柄で、長嶋さんにはへつらった。私個人にとっては王監督は長嶋さんの10倍もすごい人だ」。

このインタビューは1986年12月に日本の『月刊PENTHOUSE』に掲載された。ご存知のように同誌は美しい女性のヌードが売り物で、生々しい部分はエアブラッシュでぼかされる。2カ月後、私は巨人の広報担当から、東京ドームへの2年間の出入り禁止を通告された。個人的にチケットを買って球場に入るのは構わないが、記者としてのフィールドへの立ち入りと記者席への入室を禁じられたのだ。しかしクロマティには何のお咎めもなかった。当時のクロマティは国民的英雄だったからだ。

クロマティは最後まで、自分が活躍できたのは王監督のおかげだとし、こうも言った。

「王さんは黄金のハートの持ち主。彼の体に利己的な骨は1本もない」。死球をぶつけられた元中日の宮下選手とは後に和解の握手を交わした。宮下の方は、クロマティにアゴを一撃された有名な写真を刷り込んだ名刺をもっていた。

懐かしのガイジン選手

クロマティは巨人退団後、ロイヤルズで1年間プレー。ここでメジャーの年金（1カ月4000ドル）を生涯もらえる権利を獲得した。1991年に出版した自伝『さらばサムライ野球』はベストセラーとなったが、巨人という組織に対する批判が多かったことから、クロマティと巨人の関係はずっと冷えたままだ（共著者は私だったが）。

引退後はマイアミでフロリダ・マーリンズの試合前のラジオ番組を担当したり、テレビのコメンテーターをつとめたりしたあと、毎週土曜日にマイアミで自身のラジオ番組をもつようになった。モントリオールの野球番組にも出演した。この間、不幸も重なった。1992年にはハリケーン「アンドリュー」で自宅が壊滅。母親が心臓発作で他界し、自身は心臓のバイパス手術を受けた。2004年に古巣のエクスポズがナショナルズと改名してワシントンに移ってしまったこともあり、モントリオール（カナダ）にMLBのチームを戻す運動のリーダーもつとめている。

２０１７年夏、そのクロマティが、しばらく日本で過ごすことに決めたと言って周囲を驚かせた。「16年に久しぶりに日本に来て、自分がどれだけ日本が好きだったのか気づかされた。行く先々で僕のことを知っている人がいた。ずいぶん昔なのに僕を覚えていてくれた。それが日本に住みたいと思うようになるきっかけだった」。日本で彼はすでにいくつかのビジネスを進めている。自身の名を冠した「野球アカデミー」を開設。日本の少年に野球と英語を教えて、将来メジャーでプレーできる人材を育てたり、メジャー球団のスカウトもつとめたりしている。

２０１８年夏には衛星放送「ヒストリーチャンネル・ジャパン」がクロマティのドキュメンタリーを放送した。番組に登場したのは王貞治、原辰徳、桑田真澄の各氏で、王はクロマティを「日本野球のマスター」と呼んだ。

番組は好評で、１９８０年代に日本のプロ野球で活躍した「ガイジン選手」に対するノスタルジアが強まった。実際、この時期だけをテーマにした本を出版しようという動きもあったほどだ。確かに日本のプロ野球の長い歴史の中でいわゆる「助っ人ガイジン」が最高のパフォーマンスを見せたのがこの80年代だ。

「世界のベストと競わせるべき」

クロマティは日本のスポーツ界に対して言いたいことがたくさんあるようだった。

「日本のプロ野球はいま小さなバブル（泡）の中にいて、このままでは決してよくならないだろう。失速し、活気がない。多くの選手がより高いレベルの戦いを求めて海外を目指すようになった。今のシステムでは限界だ。私見だが日本の野球は前より悪くなった。トップの選手を生み出していない。日本の選手が世界のベストと戦う機会もほとんどない」。

１００メートル走で日本人で初めて９秒98を出した陸上の桐生祥秀《きりゅうよしひで》にも言及した。「日本のメディアは彼を歴史上最も偉大な選手であるかのように扱った。だが、現実はそうではない。日本で初めて10秒の壁を破ったという一点だけが特別。読者・視聴者は誤った印象を受けてしまった」。

これは的を射ている。１００メートルの世界記録は２００９年世界陸上でウサイン・ボルトが樹立した9秒58。ロス五輪の英雄カール・ルイスは１９９１年の世界選手権で9・91を記録。これが歴代10位だ。桐生の9・98はアジア記録ですらない。「桐生を国民的英雄として称えるのではなく、彼を海外に出して世界のベストと競わせるべきだ。それが、日本がよくなる唯一の方法だ。錦織圭を見るといい。彼は若くして米国に渡り、世界のベストと一緒に訓練を受けて戦った。それが、彼が世界ランク上位に上がった理由だ」。そしてこう言い添えた。「私は日本が好きだ。日本人が大好きだ。この日本にできるだけ長くとどまって、日本の若者の成長を手助けしたい。それが日本が私にしてくれたことへの、ほんのお返しなんです」。

〝最も有名なガイジン選手〟

クロマティが〝巨人で最も有名なガイジン選手〟だったとしたら、ヒゲの大男・ランディ・バースは〝日本で最も有名なガイジン選手〟だったと言えるだろう。1985年に54本塁打を放って三冠王に輝き、阪神タイガースを日本一に導いた。今でも大阪・神戸では大変な人気者で、よく来日し元気な姿を見せている。

メジャーでレギュラーとして活躍していたクロマティと違い、バースはメジャーでは控えで、本塁打は通算でわずかに9本だった。6フィート1インチ（184センチ）、210ポンド（95キロ）。ブロンドの髪にヒゲ、左打ちの一塁手は1983年、28歳で阪神のユニホームを着た。

控えめで物静か。来日直後の次のインタビューが有名だ。「メジャーでチャンスを与えられなかったと不満を言う、他の米国人選手のようにはなりたくない。私はメジャーに6回呼ばれた。1回もメジャーに呼ばれないまま選手生命を終える人は多い」。

思い切りバットを振り切るバースの打法は初めのうち成功せず、ベンチスタートに甘んじる苦悩の日々が続いた。しかし、日本の投手の遅くて変化する球に適応するため、振り幅を小さくし、逆方向に強い打球をはじき返すようにしてから、すべてが変わっていった。1983年は打率・288、35本塁打、83打点。翌84年は父親の死で数週間戦列を離れたが、打率・326、27本塁打、73打点だった。

モントリオール・エクスポズ時代、バースと短期間同僚だったクロマティはこう言った。「バースはいい打者だったが米国ではそれを示すチャンスを与えられなかった。本当の能力を認められるには数週間、スタメンで使ってもらうことが大事だ。ただバースの日本での進歩はものすごかった。その時のバースならMLBの多くのチームが正一塁手として起用していただろう」。

1985年のランディ・バース

1985年はバースが光り輝く年になった。後楽園球場での最後の巨人―阪神2連戦で巨人投手陣が5回中4回もバースに事実上の敬遠をしていなければ、相手側の監督だった王貞治のもつ当時の年間最多本塁打記録（55本）にも届く勢いだった。最終戦の第3打席では外角高めのボール球に飛びつくようにして安打にしたが、本塁打は54どまりだった。しかしもっと大切なのはそのバースのバットが阪神のセ・リーグ優勝に貢献したこと、阪神がその勢いをかって西武との日本シリーズを制して日本一になったことだろう。

日本シリーズ第1戦の8回表、決勝3ランを放つバース。投手は西武の工藤公康。1985年10月26日（朝日新聞社）

阪神の歴史の中でバースほどタイトルを取った選手はいない。三冠王を2回、最高出塁率と最多安打を2回、最多勝利打点[*21]を1回。1985年にはレギュラーシーズンのMVPと日本シリーズのMVPまで獲得した。

バースは、多数いた助っ人ガイジン選手の中でも最

＊21　勝ったチームの、勝ち越しを決めた打点。

も人気のある選手となり、Tシャツ、ユニホーム、キャンディバーが飛ぶように売れた。子供向けに「バース・キット」も作られた。バットにグローブ、背番号44のユニホームに作り物のブロンドのヒゲが入っていた。さらに、多くのCMに登場。１９８６年のキャンプ前には、トレードマークのヒゲをジレット社の製品で剃った姿を披露してファンを驚かせた。これほどのブレイクは日本の野球界にはなかったことだった。日本の写真家たちはバースの写真を撮るためだけに真冬にオクラホマ州ロートンのバース宅を訪ねた。

それでもバースはあくまで控えめだった。１９８５年４月の甲子園球場の、バース、掛布雅之、岡田彰布のバックスクリーン三連発は伝説として語り継がれているが、３番を打ったバースは「後ろにカケフさん、オカダさんがいてくれたおかげで打てる球が来た」と掛布、岡田を称えた。

監督を「稚拙」と批判

翌86年、バースは打率４割を達成できるのではないかと期待を持たせるシーズンを送った。最終的に両リーグ新記録の.３８９を記録（いまだに破られていない）。張本勲の.３８３（東映フライヤーズ、１９７０年）を上回った。47本塁打、１０９打点もトップで２年連続の三冠王に輝いた。しかし阪神はリーグ優勝を逃し、その非難がバースに向けられた。ヒーローからスケープゴートになったのだ。

ゴタゴタの始まりは、オフにバースが3年契約100万ドル（1ドル200円で2億円）を要求したこと、春キャンプに2週間遅れで来たいと申し出たことにあった。キャンプでは気乗りしないプレーを見せ、17分遅刻すると関西のスポーツ紙が一斉に一面で扱った。

開幕後の4月、バースの打率が2割台を低迷すると吉田義男《よしお》監督は敗戦の責任をバース1人に押しつけた。バースは『週刊プレイボーイ』の取材で、吉田監督は前年活躍した多くのベテランをベンチに下げている、戦術も稚拙だと批判した。「走者一塁で、私がオン・デック（ネクストバッターズサークル）の時に吉田監督は送りバントを命じる。一死二塁となるが当然相手は私を敬遠する。バカげたことだ。あれほど多くのミスをする監督を見たことがない。勝ち負けに関心がないようにさえ見える」。

この監督批判もスポーツ紙にこっぴどく叩かれた。しかし、バースはクラブハウスでチームメイトの称賛を浴びた。かなりの金額の罰金を支払わされたが、その半分を、取材した記者が負担した——記者とは私のことだ。

打率4割の壁

その後、打率が上昇。一時4割台を維持した。当時、現役をすでに引退していた元阪神のエース江夏豊はこんな記事を書いている。「もしバースが打率4割を記録したら、それはセ・リーグの恥だ」。これは当時の日本人の心情を代弁するものではあった。

それでもバースは三冠王を、しかも2年連続で獲得した。しかし年間MVPは広島の北別府学《まなぶ》に行った。広島のリーグ優勝に貢献する18勝4敗、防御率2・43が高く評価された。バースには何の賞もなかった。

正力松太郎賞は日本一になった西武の森祇晶《まさあき》監督。表彰式で「今年は素晴らしい選手が1人もいなかった。だから監督を選んだ」との説明がなされた。その年のシーズン終了時のテレビ・インタビューで、最高打率の記録を抜かれた張本はこう言った。「アジアの野球はアジアだけでやろうじゃないか。ガイジン選手が我々の記録をすべて奪い去って行くのは楽しくない」。

日本人スターとの比較

翌1987年3月、バースはスピード違反で逮捕された。制限速度40キロの道路で18キロオーバーの58キロで走行したという。逮捕されたバースを大勢の記者が待ち受けた。これは掛布雅之が飲酒運転で逮捕された3日後のことだった。マスコミの注意を掛布からバースにそらし、掛布に対するプレッシャーを少しでも和らげたいという意図が明らかに感じられた。悲劇的なコミック・オペラだった。バースはこの87年、打率・320、37本塁打、79打点。腰痛に悩まされた1年だった。

88年に阪神の監督として復帰した村山実は「ガイジン選手に対する特別扱いは、もうしない」と宣言した。「ガイジン選手はチームの真のリーダーになり得ない。それは彼らの興味がカネだけだからだ。ガイジンに頼ることじたい奇妙なことだ。チームの真のリーダーは掛布と岡田だ」。しかしその掛布は同じ87年、打率・227、12本塁打、45打点。岡田は・255、14本塁打、58打点だった。この時、バースの阪神での最終章が始まろうとしていた。

家族を最優先

1988年5月、8歳の長男ザカリー君が水頭症を患い、バースは米国に戻って手術に立ち会った。球団から特別許可を得ての帰国で無給の扱いだったが、バースの再来日が遅れると阪神はバースを解雇し、ルーパート・ジョーンズというガイジンを雇った。

非常に複雑な状況下のことで、日米の野球に対する考え方の違いが浮き彫りになった。日本は仕事が第一。米国は家族が最優先。米国人はバースの行為をごく普通と受け止め、日本は「わがままだ」と決めつけた。バースの行為は自分勝手でチームをないがしろにしている、というのが日本側の主張だった。

米国では葬儀、出産でチームを離れるのは常識。逆に日本は所属する組織への義務を果たすことが最優先。葬儀などの理由でチームを離れる日本人は当時皆無だった。

物語はこれで終わらなかった。阪神がバースを解雇したのには別の理由もあった。阪神がバースの長男の莫大な医療費を支払わずに済ませようとしたからだ。契約時に球団はバースの家族の医療費を支払うという1項目を入れたが、あくまで風邪をひいたときの薬代程度にしか考えておらず、莫大な費用のかかる難しい手術は想定していなかった。阪神にそうした保険に入ろうという考えはなかった。

当然、法廷闘争に発展。阪神の幹部がバースの帰国を認めたにもかかわらず、阪神側は「そんな約束はなかった」と突っぱね、解雇を妥当と主張した。ところが、バースはその時の球団幹部との電話のやりとりを録音していて、バースが米国に戻ることを球団幹部は容認していたことが明らかになった。これでバース優勢となり、阪神が給料と医療費を支払う必要があるという方向になったあと、阪神の球団代表が飛び降り自殺した。この間のバースと球団のトラブルで板挟みになったからではないかと報じられた。この時、セ・リーグの会長は「バースにはもう少し日本の考え方を理解してもらい、2年間の年俸の満額を要求するのではなく、和解に応じて欲しかった。そうすればバースは1989年も日本の別のチームでプレーできたはずだ」と語った。

しかし米国人のバースにとって契約は契約。法的にもモラル上も阪神が満額を支払うのは当然だと主張した。欧米の理性ある人なら誰もがバースと同じように考えたはずだ。両国の文化の違いばかりが際立った事件だった。オクラホマに戻ったバースは2004年、オクラホマ州上院議員となった。

阪神ファンにとって特別な選手

法廷闘争があったにもかかわらず、バースは阪神史上最もファンに愛された選手の1人になり、毎年のように来日することになった。甲子園球場でのイベントに参加し、梅田阪急百貨店でのイベントにはサンタクロース姿で登場。もしかするとバースは現役時代よりも日本で成功をおさめ、カネを稼いだのではないか。

バースは「カーネルの呪い」でも有名だ。1985年10月16日、阪神のセ・リーグ優勝が決まった瞬間、狂喜した阪神ファンが道頓堀のケンタッキー・フライドチキンの店に設置してあったカーネル・サンダースの像を担ぎ出し、「バースや、バースや」と叫びながら胴上げの末に道頓堀川《どうとんぼりがわ》に投げ込んだ。

このあとタイガースが17年間、優勝から遠ざかっている間、優勝できないのは投げ込まれたカーネル・サンダースの呪いだとする都市伝説が生れた。2003年、阪神が日本シリーズに進出すると、大阪と神戸のケンタッキー・フライドチキンの店ではサンダースの像を店内に隠した。沈められたカーネル像は23年半後の2009年3月10日、道頓堀川の遊歩道の工事を請け負った業者のダイバーによって発見された。メガネなどはなかったが、甲子園球場に近いケンタッキー・フライドチキンのアウトレットに移された。現在は同社の関西オフィスに大切に飾られているという。

殿堂入りしておかしくない助っ人

バースとクロマティは日本で大成功を収めたが、成功したガイジンは彼らだけではない。

まずレロン・リー。相当なタイトルの持ち主だ。1977年から87年までの11年間ロッテでプレーした。日本での通算打率は・320を誇る（後にこの記録は青木宣親に31年ぶりに破られたが[*22]、依然歴代2位の成績だ）。

入団最初の年に34本塁打、109打点で二冠。首位打者は打率・358だった80年に獲得した。打率3割以上を10年間キープ。通算本塁打は283（歴代47位）、通算打点912（歴代62位）だった。入団の翌年には、同じくカージナルスと契約してファームにいた弟レオン・リーをロッテに呼んだ。選手登録名は兄が「リー」、後から来た弟が「レオン」だった。兄弟は落合博満らと強力打線を組む。

1980年の前期[*23]、リー兄弟の活躍でロッテが優勝すると、リーは「ミスター・オリオン」に選ばれた。弟のレオンは「ベースボール・ブギー」という軽快な歌を作り、リー・ブラザーズ名義で兄レロンとレコーディング。ヒットチャートの上位に入った。

＊22　通算打率の規定打数は4000で、青木は2018年シーズン中にこれに達したため資格を得て、シーズン終わりまでに通算打率を・329にまで伸ばした。通算打率の歴代3位は若松勉（89年）、4位は張本勲（81年）、5位がブーマー（92年、後述）。
＊23　パ・リーグでは1973年から82年まで前期と後期の2シーズン制がとられていた。

リーが来日する前のガイジンといえば、メジャーでのキャリアがほぼ終わりに近づいた高齢の選手がほとんどだったが、まだ29歳だったリーの登場により、プロ野球の助っ人の流れが変わっていった。ロッテのコーチだったジム・ラフィーバーは「リーにはメジャーでスーパースターになる素質がある」と言っていた。

リーは日本人女性と結婚。２人の娘に恵まれた。２人ともＵＣＬＡを卒業、現在カリフォルニア州サクラメントに住んでいる。リーがなぜ日本で殿堂入りしなかったのか、今も不思議だ。レオンの方の息子デレク・リーは、少年時代に川崎球場でロッテの球団職員と鬼ごっこをしたというエピソードを残し、１９９７年からメジャーで活躍。３３１本塁打を放った。２００５年にはカブスで首位打者を獲得。スターだった。

チャーリー・マニエルは１９７６年にヤクルトに入団し活躍。79年に近鉄へ移籍し、レロン・リーが首位打者となった80年に48本塁打、１２９打点で二冠を獲得し、チームを初の、そして２年連続のリーグ優勝に導いた。その前年もチームを最初から引っ張る活躍を見せたが、６月、ロッテ戦で八木沢荘六《やぎさわそうろく》投手から顔面に死球を受けて顎を骨折。それでも６週間後に復帰し、37本のホームランを放って本塁打王に輝いている。

その後契約で球団と折り合わず、１９８１年にヤクルトへ復帰。１年プレーしたあと、やはり金銭面での折り合いがつかず、その年を最後に引退した。

練習の独自メニュー

レジー・スミスは、「巨人史上初めてヒゲを生やしたままのプレーを許された助っ人ガイジン」となった。メジャーではレッドソックスやカージナルス、ドジャースなどで17年間活躍しており、日本での初出場は1983年、38歳の時だった。

メジャーでの故障を引きずりながらも、来日1年目から28本塁打。シーズン最後の3試合で3本塁打し、巨人のリーグ優勝に貢献した。しかし1984年は故障がさらに悪化し、ベンチを温めることが多くなった。

8月、後楽園球場での阪神戦で、球場入りしようとしたスミスと当時16歳の息子レジー・ジュニアが数百人の阪神ファンに取り囲まれ小競り合いとなった。ジュニアが押し倒されるのを見たスミスは、そばにいた阪神ファンのアゴに左フックを見舞った。この阪神ファンはスミスを告訴。スミスは試合後、地元警察署に連行され、後日書類送検された。しかし、ジュニアが襲われたこと、スミスが人種差別的な言葉で罵倒されたことが明らかになると、当局はスミスを不起訴処分として阪神ファンに節度ある行動を求めた。

スミスの不振で巨人は優勝争いから脱落。怒った巨人ファンが15件もの連続放火を起こして、日本はもちろん、ニューヨーク・タイムズ紙までこのニュースを報じた。

クロマティがキャンプに加わった1984年、スミスは先輩として30歳のクロマティを迎え入れながらも、チームとはあまり打ち解けない雰囲気だったという。原辰徳ですら「地獄のような特訓」を受ける中、「レジーだけは独自のメニューを許されていた」とクロマティは証言している。

「もうガイジンは要らない」

数多くのガイジンが輝かしい活躍を見せていた1980年代は、同時に、「ガイジン選手は必要か否か」の議論が噴出した時代でもあった。

助っ人ガイジンの4分の1が毎年3割打ち、30本塁打したが、当時の下田武三《たけぞう》コミッショナーは、「ガイジン選手は給料が高すぎる割に働いていない。面倒を起こすことも多い。彼らの高給が日本人選手のやる気を削《そ》いでいる」と苦言を呈した。

ガイジン選手はトラブル・メーカーでもあった。当時の一般的なシナリオは、力の衰えた米国のスターが最後の一稼ぎと来日し、日本のコーチのアドバイスを無視することだった。彼らの言い分はこうだ。「俺はメジャーリーガーだ。自分がやっていることは分かっている。子供の頃からこのやり方で練習してきたんだから、ほっといてくれ」。これがさらなるトラブルを招く。「ガイジン選手は身勝手でチームの和を乱している。ガイジンはもう禁止すべきだ」という論調が日本国内で強まっていった。特に巨人の助っ人だったクライド・ライトの登場で、日本のスポーツ紙は、「外人」に代えて「害人《がいじん》」という見出しを躍らせるようになった。ライトはエンゼルスの投手だったが、日本では罰金の回数の多さで記録を作った。そのほとんどは早めに退場処分をくらったことへの制裁だったが、監督室の窓からコーラのビンを投げたり、ウォータークーラーを破壊したり、「ライトは気が短い」と批判的な記事を書いた記者の帽子に小便をかけたりしたこともあった。

たとえ心優しく、何事にも寛容なガイジン選手ですら〝日本流〟に馴染むことができないことがあった。それは彼が米国人であり、米国流で育ったからだ。しかし日本側は「日本に来たのだから日本人のように振る舞え」と要求した。

1983年以降、4人以上のガイジン選手が怒りとともに退団した。近鉄の助っ人として84年に来日したドン・マネーは状態の悪いアパートや老朽化した球団設備に嫌気がさして退団。マネーを慕って近鉄入りしたリチャード・デュランも後を追うように退団を発表した。バンプ・ウィルスは83年に阪急に二塁手として入団。メジャーでの実績から破格の4年契約（年俸1億円）を結び、同時に入団したブーマー以上の期待がかけられたが、当時の上田利治監督とそりが合わず、84年8月に退団した。ジム・トレーシーは83年に大洋に入団、1年目は打率3割を記録するなど活躍したが、84年は開幕早々起用法をめぐり監督と衝突、シーズン途中で帰国した。

こうした状況下、プロ野球のオーナーたちは、助っ人ガイジンを5年間、完全に排除しようと投票で決めた。産経新聞の記者は「日本のファンが見たいのは日本人スターの大きなホームラン。ガイジンではない」と書いた。

１９８７年、元検事総長の竹内壽平《じゅへい》がプロ野球のコミッショナーに就任して言った。「もはやガイジンから学ぶものはない。もうやめる時期だ。何か価値のあることを日本人に教えたガイジンがいるだろうか。しかもトラブルを起こし過ぎだ。将来、我々は真のワールドシリーズを米国と戦わなければならない。だからこそ純粋な血が理想となる。ガイジンがいてはそれは不可能だ」。

１９８０年、オールスターに出場できるガイジン選手が両リーグ２人ずつと制限された。その年45本塁打し、ファン投票一塁手部門で圧倒的な票を獲得したトニー・ソレイタ選手

（日本ハム）はオールスターに出場できなかった。

ガイジン選手が打ち始めると、審判がストライクゾーンを広げることにもガイジン選手は不満を抱いた。日本人選手の本塁打記録が破られそうになると敬遠策が横行した。それでもMVPやタイトルが取れることを証明したのが、バースやクロマティだった。

助っ人が三冠王

プロ野球で「三冠王」をとった人間はこれまで7人しかいない。そのうち2人が80年代の助っ人ガイジンで、1人はバースだった。

もう1人がブーマーだ。グレッグ・ブーマー・ウェルズは1984年に三冠王に輝いた。打率・355、37本塁打、130打点。「ブーマー」はニックネーム。6フィート5インチ、218ポンド（196センチ、99キロ）のアメリカンフットボールの選手のような体で、88年には推定飛距離532フィート（162メートル）の本塁打を放っている。

ブーマーはツインズのマイナーから阪急に入団した。最初の1983年は打率・304、17本塁打。ここで打撃フォームを変え、日本の投手の変化球に対応できるようスイングをコンパクトにした。盗塁王・福本豊からは特定の投手の攻略法を教わった。

ブーマーの好成績は数年続いた。1984年の三冠王のあと、85年は打率.327、34本塁打、122打点。86年は.350、42本塁打、103打点。87年は.331、40本塁打、119打点だった。

これほどの成功にもかかわらずブーマーが日本で出演したテレビCMはたった1本だけだった。しかも死球をぶつけられた相手に怒りをこめてチャージをかけるシーンを使ったもの。もともと気持ちの優しいブーマーはこの扱いに不満だったという。ブーマーがバース時代の阪神か、クロマティ時代の巨人に所属していたら状況は変わっていたかもしれない。やはり1980年代は、バースとクロマティという2人の助っ人に象徴される。

5 レガシーを残した〝助っ人〟監督

「野球は楽しくやるものだ」

助っ人ガイジンの最後の1人について紙幅を割きたい。彼は選手ではなく監督で来日した。レンジャーズやメッツで指揮をとったボビー・バレンタインだ。日本では千葉ロッテで2度、監督をつとめた。

ロッテの本拠地のある幕張は先進的な都市システムを導入した町で、コンベンション施設「幕張メッセ」やZOZOマリンスタジアムがある。スティーブ・ポールという作家は「幕張はテクノオプティミズム（技術楽観論）の神殿。ビデオゲームから飛び出してきた町のようだ」と表現した。テクノオプティミズムという言葉はバレンタインのチーム運営を表現するのにぴったりだった。彼はメジャーで開発された、野球の統計学（セイバーメトリクス）という新しい方式を取り入れた。そして、何より野球は楽しくやるものだと主張して練習量を減らし、〝軍隊式〟の練習を否定した。それまでプロ野球の練習では選手が褒められることはなく、ハラスメントや体罰が当たり前だった。

夏の暑い時期にはショートパンツで練習することを許した。おそらくこれを実施した日本で初の監督だろう。ビデオとコンピューターを駆使し、相手投手のクセに合わせて毎試合のようにスタメンを変え、犠牲バントでなくセーフティバントを奨励した。

彼は日本語も勉強した。ガイジン選手が日本語を学ぶことは極めて希だったが、「ハイジグ・メソッド」という独特の方法で1400の漢字を覚えた。

私が最初にバレンタインに会ったのは1995年だった。彼はロッテの監督に就任早々、万年下位のチームを一気に浮上させてマスコミの称賛を浴びたが、驚いたことにチームの和を乱したという理由から、わずか1年で解任されたばかりだった。

　正直に言って私は心から感銘を受けた。彼は聡明で、はっきりとものを言い、カリスマ性にあふれていた。インタビューの終わりに彼から、本を一緒に出さないかと打診された。当時の私はクロマティの本を書き終えたばかり。出版にかかわるすべての仕事をしながら、やや不当な扱いを受けたこともあり、さらに別の自伝にかかわることをためらっていた。バレンタインは私に対する評価を数段下げたようだった。時折、私の仕事と性格について彼が悪く言っていると聞かされるようになった。

ロックスターのような監督

　２００４年、バレンタインはロッテでセカンド・チャンスを与えられると、すべてを〝バレンタイン流〟で行くと決断。試合の進め方だけでなく球団全体の運営にも大きな影響を与えた。

　当時も今も日本のプロ野球はすべて親会社の宣伝のために存在している。ロッテは日本で生まれた韓国の億万長者、重光《しげみつ》昭《あき》夫《お》が実質オーナー。ロッテ・マリーンズもロッテのチョコやガムを宣伝、販売するために存在していた。税務上の損金処理が可能でロッテは毎年赤字を重ねていた。しかしバレンタイン監督はこれを180度転換。黒字を生む組織に変えていこうとした。

MLBが実施していたプロモーション方法を導入し、球場には豪華なボックスシート、ピクニックのできる場所、最新式のスコアボードを掲げ、コンコースにはバレンタインのスポーツバーを設けた。少年時代から社交ダンスが得意だったバレンタインは試合後、婦人を対象にレッスンを行った。本拠地での試合前には、毎回列を作るファンにサインをし、その数は年間10万人に及んだ。観客動員は5年前の4倍に膨れあがり、彼のやり方を真似する球団が出てきた。ロッテは次第に「バレンタイン監督の個人崇拝の場」となっていった。球場近くの通りは「ボビー・バレンタイン・ウェイ」と命名された。

スタジアムの電光掲示板にはバレンタインがファンを出迎えるシーンが長々と映し出され、入り口付近に本人の銅像。通路にはバレンタインが「いいチームは家族のようなもの」などという格言を口にしている写真が貼られた。二階には「ボビー・バレンタイン・スポーツバー」。売店では「ボビーV」の名前がついた風船ガム、酒、ビール、クッキーが売られた。

リーグ優勝を決め、スタンドのファンの祝福に応えるバレンタイン監督。2005年10月17日（朝日新聞社）

大学の講師をつとめ、ミュージックビデオでも主演した。バレンタインは日本でガイジン初のロックスターのような存在になっていった。当時のインタビューを読むとバレンタインは日本にいることを心から喜んでいたことがよく分かる。野球というゲームのチャンピオンだと自負もしていた。同時に、彼が常に舞台の中央にいて注目を浴びていたかったことも明らかになった。日本のプロ野球にいれば、自己中心的な米国のスーパースターと闘わなくてすむことも気に入っていたようだ。彼の年俸は390万ドル。さらにCM出演などで100万ドルの小遣いを稼いでいた。当時のレートは1ドル108円だったから計5億3000万円。その年、プロ野球選手の最高年俸は横浜の佐々木主浩で6億5000万円。2年前の松井秀喜が6億1000万円だった。

2005年、バレンタインは人気の絶頂にあった。パ・リーグのプレーオフを制し日本一に輝き、正力松太郎賞を受賞した。世論調査でも、そのイージーゴーイングな米国流采配で「理想のリーダー」と称賛された。それまでのプロ野球の過度の練習と厳しい管理とはかけ離れたものだった。バレンタインは、「今のロッテなら（同年にワールドシリーズを制した）ホワイトソックスを倒せる」とも豪語した。気性の荒さでは右に出る者のいない、ホワイトソックスのオジー・ギーエン監督はこれに苛立《いらだ》ち、「彼のチームがメジャーで20勝できれば御の字だ」と反発した。

辞任とその真相

バラの花が咲き誇ったようなバレンタイン監督の状況は、ここから次第に変わっていく。2005年に優勝、さらに阪神を破って日本一になった後、得意の絶頂となり、嫌いな人間の陰口をたたいて周囲を疲弊させた。組織内でエゴがぶつかりあい、バレンタインの年俸の高さに不平の声があがった。常に自分だけがスポットライトを浴びていたいという性格から、バレンタインは選手やフロントを後方に追いやった。

そしてロッテの球団代表だった瀬戸山隆三《せとやまりゅうぞう》との対立が激化していった。2人が完全に決裂したのは2006年だった。その年、ニューヨークの映画関係者が来日。バレンタイン監督の日本での実績に不朽の名声を与える目的で映画作りを始め、組織の多くの人間にインタビューした。ところが、バレンタイン監督が米国から連れてきたアシスタントのラリー・ロッカによると、瀬戸山とのインタビューだけは避けるようバレンタインが指示したという。これは大変な侮辱であり、瀬戸山はこれを決して忘れなかった。

『The Zen of Bobby V（ボビーVの禅）』という映画が２００８年、ニューヨークのトライベッカ映画祭で上映された。しかし日本で上映されることはなかった。当時バレンタイン批判を強めていた瀬戸山の意向だったか、ロッテの他の組織がそうしたのか。

契約最終の２００９年、ロッテ幹部に残る唯一の問題は「どうやってバレンタインを切るか」だった。当時すでに彼は〝和を乱すお荷物〟となっていた。５億円という高年俸。球団はその前年、約30億円の赤字を抱えていた。９月、バレンタインは正式に退任を表明。本拠地最終戦後のセレモニーでは日本語で最後のあいさつを行い、日本を去った。

バレンタイン辞任劇にまつわる疑問への明確な答えを知ったのはその2年後だった。重光昭夫が珍しくインタビューに応じ、当時の状況を説明してくれたのだ。２０１１年3月に起きた東日本大震災で、プロ野球は開幕が2週間遅れた。私はニューヨーク・タイムズ紙のケン・ベルソン記者とともに、事前に重光オーナーへのインタビューを申し込んでいた。我々のリクエストはすべて却下されていたが、球場に到着すると、インタビューが可能だという。その日のロッテの対戦相手だった楽天の三木谷浩史《みきたにひろし》社長が、震災から立ち上がった様子を仙台の記者たちに丁寧に答えているのを目の当たりにした重光オーナー側近が、このままでは悪い印象を与えるだけだ、何かしないと、と考えたに違いなかった。

我々はオーナー席に招かれた。ただ、バレンタインに関する質問は一切なしだと釘を刺された。しかし幸いなことに、重光自身が前監督の話題を持ち出した。彼はロッテ王国の総帥というより物静かな大学教授といった印象で、こう語った。「バレンタイン監督の5年間で起きた混乱を修正し、チームに秩序を取り戻す必要がありました。監督就任直後の成功と組織に対する貢献はあったものの、次第に組織内の規律が失われてしまったからです。バレンタインの春のキャンプは練習時間が短すぎた。1日4時間の練習では若い選手の才能を伸ばすことはできませんでした」。それでも、どうやってバレンタイン問題を処理するか、はっきりした案はなかったという。

重光は韓国でジョージ・ブッシュ大統領（当時）とゴルフをしながらアドバイスを求めたと明かした。ブッシュ元大統領はかつてレンジャーズの共同オーナーで、レンジャーズ時代にバレンタインを解雇した経緯がある。ブッシュに「シーズン中に解雇するつもりか」と聞かれた重光は、「そのつもりはない。今年（2009年）が契約最終年だ」というと、ブッシュは「契約が切れるなら、そのまま追い払ってしまえ。彼に借りはないはずだ」と答えたという。それが真相。バレンタインは後に自らの意思で退団したと主張したが、重光は「そうではない。私が解雇した」と言い切った。

2010年、西村徳文《のりふみ》コーチが推定年俸5000万円でロッテ監督に就任すると、バレンタインの嫌った猛練習を選手に課し、規律を重視。チームスローガンとして「和」を掲げ日本一を達成した（西村監督は正力松太郎賞を受賞した）。

私がバレンタインと差し向かいで最後のインタビューをしたのは2009年だった。場所は銀座のレストラン。それぞれ夫人同伴で彼は終始、丁重で愛想がよかった。会話の中で、彼は私の悪口を言ったことなど一度もないと言い切った。当時私はジャパン・タイムズ紙にバレンタインの記事を書く準備を進めていた。すでに日本を去ることが明かされていたため、彼の側の話を聞きたいとインタビューを申し込んでいたのだ。ミーティングは友好的な雰囲気で終わった。その後、しばらくして第三者からバレンタインが私のことを「クソ野郎だと思っている」と聞かされた。

のちに横領や背任などの罪に問われたロッテグループ会長の重光は2018年、ソウル高等裁判所で懲役2年6カ月、執行猶予4年の有罪判決を言い渡された。一方、バレンタインは日本社会に貢献したとして天皇陛下から勲章を授かった。人生は複雑かつ、予測不能。アイロニーに満ちあふれている。

もっと早く、もっとたくさんの〝ガイジン〟が日本に来ていたら、もしかすると野茂より前にメジャーに挑戦する選手がいたかもしれない。江夏や桑田はメジャーで結果を残せなかったが、もっと早く渡米していればその結果も変わっていた可能性は十分にあるのだ。

第4章　2人のパイオニアは何と闘ったか

1　初の挑戦者

野茂前と野茂後

日米の野球交流史は2つに分けられる――「野茂前」と「野茂後」だ。

若い人には信じられないかもしれないが、野茂英雄が1995年に米国に渡ってスターになるまで、多くの米国人は日本に野球リーグがあることすら知らなかった。多少なりとも日本の事情を知っている人にとっては、日本プロ野球は〝栄光あるマイナーリーグ〟であり、年を取ってピークを過ぎたMLBの元スターが最後の一稼ぎにやってくる場所、メジャーのチームがオフに来日してもう一稼ぎする場所――これがすべてだった。

しかし、野茂が海を渡ってからすべては変わった。野茂の非常に変わった投げ方、いわゆるトルネード投法はコークスクリューとも呼ばれ、速球とフォークボールで三振の山を築いて1995年のメジャー最大の話題となった。当時メジャーで最も優れた打者といわれた本塁打王バリー・ボンズによれば「あんな投手は見たことがない。あのbizzare（異様、奇怪）なモーションでは次に何が来るか分からない」。5月までにナ・リーグの奪三振数でトップに躍り出ると、6月には月間最優秀投手賞を獲得。敵地ピッツバーグでのパイレーツ戦では16三振を奪った。これはドジャースの新人投手として最多記録。7月前半までに6勝1敗、防御率2・79。オールスターにも出て先発投手をつとめた。

「ノモマニア」が始まった。野茂が先発する試合は数千人規模で観衆が増えた。地元のアジア系米国人の他、野茂の先発を見たいという日本人のために特別ツアーが組まれた。シーズン中盤になるとドジャー・スタジアムには大勢の日本人が詰めかけるようになり、球団は日本食のレストランを開店、職員は日本語の練習を始めた。ドジャースの土産物店の野茂関連グッズはあっという間に棚から消え、野茂がマウンドに向かうと「ヒデオ、ヒデオ、ヒデオ」のコールがリズムよくこだました。1955年からドジャースのアナウンサーをつとめてきたビン・スカリーは「この10年でドジャースの一員になった選手の中で最もエキサイティング」と評した。

それよりもっと重要なことは、野茂が敵地で先発しても大変な人気だったことだ。メジャーの選手が打ったストライキのおかげで1994年のシーズンの3分の1が中止となり、プレーオフ、ワールドシリーズもなかったため、メジャー人気は暴落していた。ストは95年4月にようやく解決したが、〝スーパー・リッチな大リーガーと億万長者のオーナーがわがままの限りを尽くしたカネの分捕り合戦〟を苦々しい思いで眺めていたファンの怒りが鎮まることはなく、「また試合が始まってもボイコットしてやる」という声が溢れていた。しかし、リフレッシングな野茂の出現で、ドジャースのファンに限らず多くの人々が球場に足を運ぶようになった。当時のドジャース監督トミー・ラソーダは、「彼が大リーグを救ったと言っても言い過ぎではない」と言った。

同時に野茂は、MLBが日本の市場で成功を収める手助けをした。日本には長く米国と対峙《たいじ》してきた歴史がある。米国の地で野茂がパワフルな打者を三振に打ち取る姿は日本人の自尊心をくすぐった。野茂の試合は日本で中継され、街頭に設置された大型スクリーンに映し出される野茂に、出勤途中のサラリーマンが釘付けになった。それは、戦後間もなく、関取からプロレスラーに転向した力道山が、大きな米国人レスラーを打ち負かすシーンが街頭テレビに映し出され、ファンを熱狂させたシーンを彷彿させた。たとえ力道山の勝利が台本に沿ったものだったとはいえ、戦争に敗れ、進駐軍に占拠されてズタズタになっていた日本人の気持ちを和らげ、コンプレックスを払拭するのに大いに貢献したものだった。野茂は日本人が米国の産業について抱いている拒否感を取り去るのに大きな役割を果たしたのだ。

国民へのインパクト

野茂は日本のスポーツ紙に毎日取り上げられ、週刊誌、テレビのバラエティショー、ニュースショーがこれに続いた。野茂担当の記者は球場での野茂の一挙手一投足に注目。野茂の自宅の外でキャンプを張り、茂みから覗き、ゴミ箱の中身までチェックした。

野茂はメジャーに行くことで、近鉄時代より遥かに大きな注目を集めることとなった。当時、近鉄の試合が日本のテレビで放映されることはほとんどなかった。当時の日本の村山富市《とみいち》首相は野茂を「国の宝」と称賛した。このわずか数カ月前、チームと国を捨てたとして国賊《こくぞく》扱いされた男に対する言葉とは思えないほどの劇的な変化だった。

貿易摩擦で冷え切っていた日米関係の修復にも一役買った。野茂が米国に渡る直前、日米関係は第二次世界大戦以来最悪の状態にあった。日本の国会議員は米国人を無教養で読み書きができないと言い、米国の議員たちは日米の貿易不均衡を声高に叫んで首都ワシントンの広場で日本車を叩き壊した。

しかし、野茂と米国野球ファンの蜜月関係が次第に状況を変え、二国間にあったとげとげしさが消えていった。野茂はスポーツ・イラストレーテッド誌やタイム誌アジア版の表紙を飾り、テレビのドキュメンタリーが数多く作られた。ニューヨーク・タイムズ紙は「野茂がMLBに到着したことで、何かにつけて閉鎖的だった日本が大きく変わってきた」と書き、朝日新聞は「野茂の成功は、米国との貿易摩擦で疲れ切った日本人にとってカタルシス（感情の浄化）になった」と書いた。

日本から来た選手が、米国の「国技」に再び火をつけたのだ。長引いたストでファンの間にはメジャーリーガーに対するわだかまりが残っており、その雰囲気を変えるのは米国生れの選手では無理だったのだろう。野茂は野球選手が過去にファンに与えてきたありとあらゆる感動を蘇らせた。控えめで、礼儀正しく、シャイでハードワーク。その姿を球場で〝見るのが楽しい（joy to watch）〟男。この「見て楽しい」という表現はクリスティ・マシューソン（NYジャイアンツ投手、373勝）やヤンキースのルー・ゲーリッグ、ジョー・ディマジオらに使われた称賛の言葉だ（そして大谷にも使われたことは先に触れた通り）。日米のファンがクロス・カルチャー（異文化の交わり）の中での野球の役割をもう一度真剣に考える機会になった。

全米で2600万人、日本で1500万人が野茂の出たオールスターを観戦した。日本では早朝、小雨の中、出勤のサラリーマンたちが屋外のテレビスクリーンに釘付けだった。

野茂の活躍は米国に住む日系米国人に対しても大きな意味を持った。ゲン・スエヨシは米国で育った日系人で、野茂のデビュー後、「野球バカ」というウェブサイトを立ち上げ、自身の体験をこう語っている。「子供の頃から自分のお手本になる人はいなかった。テレビをつけても、ドラマや映画、スポーツの世界で成功を収めたアジア人、あるいは日本人はいなかった」「米国のメディアにはアジア人をいつでもどこでもカメラを向けたがるバカな観光客という形で描く傾向があった」「『ナーズの復讐』（１９８４年）では「タカシ」という日本人の存在が恥ずかしかった。『ターミネーター2』（91年）を見たとき日本人観光客がギャグのネタになっていたのをよく覚えている」「父が古い映画が好きだったせいで私も『ティファニーで朝食を』のユニオシ（黒縁眼鏡をかけ、出っ歯）や『ピンクパンサー』シリーズの主人公クルーゾー警部宅の使用人ケイトーを観た。『スタートレック』ではパイロットのヒカル・スールーがいたが、子供心にカーク船長やスポックほどダイナミックではなかった」「強烈なイメージを放つアジア人がいなかったため私は常に劣等感に苛《さいな》まれ、米国にはアジア人が成功する余地がないと思うようになった。その気持ちは日増しに強くなっていった」「高校時代は自分が日本人であることから逃れたかった。大学では他のアジア人を極力避けていた。アジア人と一緒にいるところも見られたくなかった。日米貿易摩擦はこうした状況を好転させることはなかった」。

「ところが野茂の登場ですべてが変わった。野茂が米国に来る2、3年前にテレビで野茂を見てファンになっていた」「彼が海を渡る前から、もし野茂がメジャーの打者と対決したら、どうなるか想像していた。1995年の野茂の新人の年は、私はできるだけ多くの試合をテレビで観戦した。ファンの反応が素晴らしかった」「野球に関心のなかった私の友達でも野茂の名前は知っていた。日頃、新聞のスポーツ欄を開かない友人も夜のスポーツ・ハイライトを観ていた」。

野茂は1995年シーズンを13勝6敗、防御率2・54、236奪三振で終えた。奪三振はナ・リーグのトップ。ドジャースは野茂のおかげで1988年のワールドシリーズ優勝以来のプレーオフ進出を果たした。野茂はナ・リーグ新人王に輝いた。

反感を買う

もちろん、すべてが甘く明るかったわけではない。時折、ナショナリズムと偏見がその醜い鎌首をもたげた。マサチューセッツ工科大のデビッド・フリードマン教授は、最上級の野球を目の前で見られることを喜ばずに、野茂を日本人の優秀さの象徴として扱っているとして、米国内の日本人と日本のメディアを酷評している。

5月23日、シェイスタジアムで野茂が先発したメッツ—ドジャース戦はアンチ日本の感情で満ちていた。その日の観衆1万9000人のうち4分の1が日本人で、約100人の日本人リポーターもニューヨークに集結していた。日本人ファンの多くがドジャースの帽子とシャツで応援。手には日の丸の旗と三振を表す「K」のサインを掲げていた。

そうこうするうち、白人男性のグループと少数の白人女性が「USA USA」のコールを始めた。白人グループの何人かが、中指を立てる仕草をした。白人男性2人と日本人男性2人がケンカを始め、警備員に止められた。試合後メッツのジョン・フランコ投手は人々の記憶に残る差別発言をした。ニューヨーク・ポスト紙のインタビューに対し、逆にこう質問したのだ。「今日のホーチミンをどう思う? 思ったほどじゃなかったよな」。

無口な男

しかし野茂自身は超然としていた。米国のファンからこんな殺人予告も受けた。「ゴー・ホーム・ジャップ。お前なんかいらない、お前が日本を捨てたことにまだ腹を立てている連中が毒入りのペンを送りつけようとしてるぞ」。野茂はこれを完全無視。「バカな人間はどこにでもいるものです」と言って肩をすぼめた。

チームメイトにとって野茂は一匹狼で、謎めいていた。球場に早めに入り、ストレッチをし、投球フォームを確かめる。ブルペンか、トレーニング室で過ごしたあとロッカーに戻ると、イヤホンで、お気に入りの佐野元春のCDを聞き、日本の新聞を読む。

ファウルラインの外では、野茂は自分の殻に閉じこもり、孤独な存在だった。野茂のロッカーの前を選手が通りがかり、一声かけたり、肩を叩いたりしても野茂は静かにうなずくだけ。ドジャースの内野手ブライアン・ジョーダンはやや苛立ちながらこう言った。「今まで会ったなかで最も静かな男だ」。ドジャースのスターだったエリック・キャロスは、野茂とチームメイトだった4年間で交わした会話は「20語だった」と言った。

米国の記者たちは野茂の前に列をなして話を聞こうとした。しかし、その気がないのか、話す力が不足しているのか、野茂のコメントはいつも投げやりで、記者を苛つかせた。会見は不評で、最後には米国人記者は会見場から消え、日本の記者だけが残る形になった。野茂は報道に値するコメントは何一つ出さなかったのだ。

ナイト・リダー・ニューズサービス社の米国人ジャーナリスト、ルー・シモンズは野茂のふるさと大阪に派遣され、ドジャースが輸入した男のルーツをたどった。「野茂はなんであんなに静かなんだ?」これには野茂の母・佳代子さんがこう答えた。「あの子は子供の頃から口数が少なかった。あの子と長い会話を交わした記憶がないんです」。

デビュー以来4年連続の二冠達成

生れつきの恥ずかしがり屋で、両親の前でさえ自分の感情を押し殺す子だった野茂少年が、唯一情熱を傾けたのが野球だった。キャッチボールで父を驚かせたいと、「トルネード投法」を編み出す。両腕を頭上高く上げ、打者に背中を向けながら足を上げて一瞬動きを止めてから投げる。すべてはボールのスピードを上げるための変則モーションだ。中学までにこの投法を磨き、どこに来るか予測のつかないボールを投げるようになった。野球では無名の成城工業高校に進み、身長188センチ、体重91キロと米国の選手にもひけをとらない体格となり、速球は国内でもトップクラスになった。社会人野球の新日鐵堺《しんにってつさかい》へ進み、ここで制球力を上げフォークボールを習得。フォークの握りを確かなものにするため、右手人差し指と中指の間にテニスボールを挟み、これをテープでしっかり巻いて寝たという。一段上の投手に成長し、プロのスカウトが注目するようになった。

1988年ソウル五輪のエースに抜擢され銀メダルを獲得。89年のドラフト会議で史上最多の8球団から1位指名を受け近鉄に入団すると、いきなり18勝8敗、防御率2・91、2

87奪三振で三冠王。さらに新人王、沢村賞、シーズンMVPなどのタイトルを総なめにした。しかもそれは序章に過ぎず、その後3年間パ・リーグ一の投手として君臨。勝利数、奪三振数の二冠を4年続け、完封勝利でも2度トップになった。唯一の弱点は時折フォークの制球が悪くなることで、その時は四球を連発した。マリナーズで3年連続本塁打王に輝くケン・グリフィ・ジュニアが来日し、野茂の投球を見た時の感想は「この子はメジャーのユニホーム組だ」だった。

当時の野茂の監督は仰木彬《おおぎあきら》。西鉄ライオンズ黄金時代に二塁手として活躍、1967年に引退後、88年から92年まで近鉄を率いた。おおらかな性格で、ネオン街のハシゴをアートの域にまで高め、ミナミで名を馳せた。同様に野球でもセンスある采配を見せた。仰木は時折、ナイトクラブのホステスたちを自分の監督室に招き入れた。そうして野茂にこう言った。「したいことは何でもしていい。ただし勝ってるうちだけ」。93年、そんな親分肌の仰木の代わりにやって来たのが鈴木啓示《けいし》だった。トラブルの舞台が整った。

鈴木監督との食い違い

鈴木は現役時代、胸板の厚い左腕投手として知られた。速球、フォークともに一級品。

現役20年間での317勝と3061奪三振はともに歴代4位。鈴木の野球哲学は「死ぬまで投げろ」だった。中2日で先発し9回を完投した翌日にリリーフを買って出たこともある。先発しない日はブルペンで練習し、シャープな制球力に磨きをかけていた。

野茂は〝ノーラン・ライアン学校〟の生徒だった。登板と登板の間には3、4日の休養を取れ、ウエートトレーニングで足や腕の柔軟性や強さを高めよ、とのライアンの提唱に従っていた。ライアンはメジャー屈指の大投手。「ライアン・エキスプレス（特急）」と呼ばれた剛速球でメジャー史上最多の5714奪三振を誇り、46歳まで現役だった。「もし誰かの真似をするならライアンしかいない」。野茂はそう信じていた。鈴木はそのライアン流をおかしいと判断し、野茂に毎日100球の投球練習を課した。

1994年の開幕ゲーム、所沢球場での西武戦で鈴木監督は野茂のパフォーマンスに失望した。野茂は前半の4イニングで11三振を奪い、8回までノーヒットノーラン。ところが、3－0で迎えた9回、先頭打者に二塁打を打たれると、四球と内野手のエラーで満塁のピンチ。鈴木監督は野茂を降板させた。しかしリリーフが満塁本塁打を浴びてサヨナラ負けを喫してしまった。鈴木監督は試合後、「野茂はあの場面を普通に乗り切れるだけの精神的、肉体的強さがあったはずだ」と言った。

その年の7月、同じ敵地での西武戦で、野茂は制球に苦しみ、四球を連発した。しかし鈴木監督は野茂を交代させなかった。トータル191球。四球は16個を数えた。リリーフを送らないことで、鈴木監督は野茂に欠如しているメンタル面の強さを鍛えようとしたのだという。登板後、野茂は肩に鋭い痛みを覚えた。ところが鈴木監督は野茂を休ませる代わりに、二軍に送ってさらに投げ込ませた。「痛む腕を治すにはもっと投げ込むのが一番。痛みの中で投げるんだ」と鈴木。しかし野茂の肩は悪化の一途をたどり、最後には車も左手でしか運転できなくなり、シーズンを不本意なまま終えた。

メジャーへの気持ち

野茂は子供の頃からメジャーでプレーしたいと憧れていた。日本にやってきたメジャーリーガーをテレビで観戦。のちに彼らと直接対決するようになると、ますますその思いを募らせ、自分なら世界で渡り合えると信じるようになっていた。

1992年に日本でFA制度ができ、翌年その第1号が誕生。野茂は、メジャー挑戦が先か、それとも自分の腕がダメになるのが先かという状況にいた。

そして94年、ロサンゼルスに事務所を構える野球代理人・団野村《だんのむら》が、野茂に日本脱出の道を教えた。西部劇のガンマンのような雰囲気を漂わせる野村は白人と日本人の混血で、身長180センチ。日本で育ったあと米国で学び、77年オフにヤクルトスワローズにドラフト外でテスト生として入団したが、一軍経験のないまま退団となった。このあと南カリフォルニアで不動産事業に成功、マイナー球団「サリナス・スパーズ」を手に入れ、さらにはエージェントとして活動するようになった。野村は日本のプロ野球の〝封建的な〟契約制度を打ち破ろうという勇気ある若者を探していた。

野村はすでに日本の野球協約に〝抜け穴〟を見つけ、これを英語に訳して、ロサンゼルスの敏腕スポーツエージェント、アーン・テレムに見せていた。日本の野球協約は米国のものとほぼ変わりないが、野村以外誰も気づかなかった、ある「違い」があったのだ。

メジャーの協約では、退団した選手が現役を再開する場合はまず元のチームでプレーする、そしてそのチームが選手を保持する権利は世界に及ぶ、となっている。一方日本では、引退した選手が現役復帰する場合、日本にいる限り元のチームに戻る義務を負う、とだけ書かれていた。つまり日本では元のチームに戻るしかないが米国には自由に行けるのだ。

日米間の選手契約に関する協定は1966年に結ばれた。当時南海の新人選手だった村上雅則《まさのり》がSFジャイアンツに野球留学し、本人もわけが分からないうちに思いがけずメジャーに昇格。しかし南海との二重契約状態が問題となり、結局、2年目はジャイアンツでプレーするがそのあと南海に戻る、ということで決着した。これを契機に結ばれた協定は、双方がそれぞれの国の契約を尊重することを求めていた。

しかし日本の野球協約は、選手が日本以外でプレーしたいと思ったときの扱いを明記していないという事実が発覚したのだ。不注意そのもの！　この契約書自体が、米国のマイナー選手との契約書のコピーだったことも判明した。米国側は日米間の紳士協定に違反することなく、日本のスター選手を獲得できるようになっていたのだ。

こうした不備がなぜ起きたのか。当時の日米間の圧倒的な実力差を考えれば、理解できないことではなかった。同時に日本では、日本の選手たちにはずっと日本でプレーをして欲しいという〝空気〟があった。メジャーの球団幹部から渡米を切望された王貞治が当時を振り返ってこう言ったことがある。「仮にその抜け穴のことを知っていたとしても米国には行かなかった。そんな空気ではなかった。そんなことをしたらファンは決して許してくれなかったでしょう」。

任意引退劇

「日本の球団を任意引退した選手の海外球団への移籍」について日米間でやりとりが続いた。団野村が積極的に関与した。1994年12月9日、カギを握る一通の文書が、日本のコミッショナー事務局の金井義明事務局長からMLBのウィリアム・A・マレーにファックスで送られてきた。日本で任意引退になった選手が米国に行けるのか、とのマレーの再三の問い合わせに答えたもので、金井事務局長のメモはこうだった。「日本の任意引退選手が現役復帰する際、日本国内を選ぶ場合は保有権を有する球団が優先される。言い換えれば、米国の球団とならばコンタクトを取ることができる」。これほど明白なことはなかった。元スポーツ紙記者の金井は、自分が書いたこの一文が、日本のスター選手が米国行きの自由を得るための道具に使われるなどとは予想もしなかったと思われるが、結果的にそうなってしまった。

野茂も野村も1994年シーズンの早くからメジャー挑戦の意思を明らかにしていた。これは金井文書のはるか前のことだ。毎年、パ・リーグの選手はオールスターではミズノのシューズを履くことになっていたが、野茂はこの年、ナイキのシューズを履いて出場、近鉄幹部を激怒させた。これも計算ずくだった。

シーズンオフ、野茂は「金井―マレー文書」のコピーをサドルバッグにしのばせて近鉄との交渉に入った。当時1億4000万円だった年俸を倍増し6年契約を結んで欲しい、と要求したのだ。フロントがこれを呑まないことは分かっていた。予想通り、球団の前田泰男《やすお》社長はこれを拒否した。

「そういう契約を要求するには君は若すぎる。それに、そういうことはガイジン選手がやるものだ」と言った上で「今季の成績では減俸だ」と言った。「結構です。では引退します」と野茂。「バカげている、自分のキャリアを考えろ」と別の幹部から罵声が飛んだ。「考えてます。だから引退するのです」と野茂。近鉄の説得は失敗し野茂は「任意引退」の文書にサインして近鉄の事務所を出た。野茂が自由人《フリーマン》になった瞬間だ。すべてが団野村の計画通りだった。

のちに野茂はこう言った。「彼らが絶対に6年契約を認めないということは最初から分かっていた。そこで決心したんです。もし、6年契約を認めたら？　その時はサインするしかなかった。でもそんなことにはならないと分かっていた」。

その後間もなくして、野村は東京の日本外国特派員協会で記者会見し、自分のクライアントがメジャーに挑戦することを正式に発表するとともに、「金井―マレー文書」を掲げ、その存在を初めて明らかにした。野茂の行動の正当性を主張するものだった。仰天した前田球団社長はコミッショナー事務局に助けを求めた。しかし彼らもまた茫然自失《ぼうぜんじしつ》だった。彼らも、マレー文書は日本にいる米国人選手についての問い合わせであり、日本人が対象とは、つゆほども思っていなかったのだ。

日本の選手がその全盛期に米国に行くなどということは、当時の日本の宇宙開発機構が、月に人間を着陸させせようとするほど無謀な試みだった。10年経ったら他チームに移籍できるという日本プロ野球のFA制度は、巨人軍のオーナー渡辺恒雄が、他球団のスター選手を獲得したいという切なる望みからスタートさせたものだった。だが、日本のスター選手が海を渡るなどということは誰も想像しなかった。

あるプロ野球関係者は「MLBが我々を騙《だま》した。絶対忘れない」と言った。メジャー挑戦発表後の数週間、野茂は批判にさらされた。「問題児」「裏切り者」といわれ、スポーツマスコミ、ファンが野茂を非難。王、長嶋、星野といった面々でさえ野茂に批判的だった。野茂の父でさえそうだった。「あんな風に近鉄の人を困らせるのはよくない。もっといい方法があったはずだ」と父。これに対して野茂は「いい方法などなかった。何もしないまま、後悔しながら残りの人生を過ごすのは嫌だった。自分がメジャーでやれるかどうか見極めたかった」。しばらくの間、父は息子と口をきくのを止めた。

こうした行動を起こし、続けるにはものすごいエネルギーを要した。あまりのプレッシャーに、途中で野茂も野村も、自分たちがしていることが本当に正しいのかどうか、疑う瞬間があったという。特に、球界で最も恐れられていた渡辺恒雄が野茂と野村を「悪い人たち」と決めつけてからは、さすがに苦しい状況に追い込まれた。それでも野茂は怯《ひる》まなかった。一度たりとも。「言わせておけばいい。彼らはいま熱くなっているだけ」と野茂は言ったものだ。

プロ野球機構は最終的に任意引退による移籍をできなくした。しかしトラブルは続いた。アルフォンソ・ソリアーノは、ドミニカ共和国で広島が運営していた「カープアカデミー」を経て来日。1997年8月に一軍デビューを果たしたが、そのオフに契約問題がこじれて退団。母国に戻りトレーニングを続けていたところヤンキースに認められて契約した。この時ソリアーノも野茂と同じ「任意引退選手の海外移籍」という手を使った。

日米間の協定はここでスクラップとなった。後述するように伊良部秀輝《ひでき》の渡米をきっかけとして「ポスティング・システム」が確立。イチローも大谷もこれに則って渡米した。「野茂流日本脱出術」はもはや存在しない。しかし野茂と野村は確実に歴史に名を残した。

日本野球のレベルを知らしめる

野茂の最大の功績は、日本の野球が高いレベルにあることを世界に認めさせたことだろう。団野村がメジャーの各球団に野茂の売り込みを始めた頃、関心を抱く球団は極めて少なかった。いずれも日本の野球はマイナーのトリプルAレベルとみていたのだ。

1995年のシーズン前、シアトルで「トライアウト（入団テスト）」に臨んだ野茂を見て、マリナーズのルー・ピネラ監督は即座に言った。「あれでは絶対にメジャーは無理。あのワインドアップでは」。最終的に野茂を雇ったドジャースのピーター・オマリー会長でさえ、野茂の活躍には懐疑的だった。「正直いって私はほとんど期待していなかった。いったいこいつは誰なんだ、というのが当時の空気だった」という。

しかし1995年5月2日、野茂は敵地でのSFジャイアンツ戦でメジャーデビューを果たし、5回をわずか1安打、無失点、7奪三振という素晴らしいピッチングを見せた。スポーツライターのボブ・クラプシックがこう書いた。「もう認めてはどうだ。日本の野球は君らには〝ジョーク〟だった。超小型の球場に、170ポンド（77キロ）にも満たない選手があふれ、80マイル（129キロ）以上の球を投げられる投手がいないと思っていた。そうだろう。正直に言いなさい。君らは米国野球至上主義者だ。だが、先週の野茂の活躍は国際的モーニングコール（警鐘）となったはずだ」。

野茂の歴史的な1年目を雑誌、テレビが特集。野茂を称える歌までできた。マービン・ハムリッシュという作曲家による「ゼアズ・ノーワン・ライク・ノモ（野茂のような人間はどこにもいない）」。ハムリッシュはエミー賞、グラミー賞、アカデミー賞、トニー賞、ピュリツァー賞をすべて受賞している作曲家だ。

悪条件でのノーヒットノーラン

しかし、野茂は2年目の方がさらに劇的だった。16勝11敗、234奪三振。防御率3・19でサイ・ヤング賞レースの4位に入った。シーズンのハイライトは1996年9月17日、敵地コロラド州デンバーのクアーズフィールドでのコロラド・ロッキーズ戦で達成したノーヒットノーランだろう。そこにたどり着くまでの様々な障害を考えると、史上最高といえるパフォーマンスだった。

障害の最たるものは球場だった。クアーズフィールドは1995年に完成。野球観戦には世界でも最も素晴らしい場所にある。夏でも涼しく、二階席からは遠くロッキー山脈を眺望できる。晴れた日の日の入りは心臓が止まるほど美しい。しかし、クアーズフィールドが投手にとって最悪の球場であることもメジャー関係者なら誰もが知っていた。

デンバーは海抜1マイル（1610メートル）。空気が薄いため変化球が曲がらず、打球が遠くに飛ぶ。恐るべき確率でホームランが飛び出し、球場には「クアーズ・カナベラル」とのニックネームがついた。フロリダの宇宙センター、ケープ・カナベラルをもじったものだ。野茂がそのクアーズフィールドのマウンドに上がったのは、ドジャースがポストシーズン進出をかけて戦っているシーズン終盤。相手打線には強打者がそろっていた。

エリス・バークス、アンドレス・ガララーガ、ビニー・カスティーヤは全員40本塁打以上を記録。ダンテ・ビシェットは31本塁打、打点は141という信じられない数字だった。天候もひどかった。雨の降る寒い夜で、試合開始は午後8時45分まで遅れた。強風ではなかったが、試合中、風が吹いた。足元はぬかるみ、マウンドには大量の砂がまかれた。それでもマウンドの状態は悪く、野茂は独特の「トルネード・ワインドアップ」を捨て、その動作を小さくして投げ込んだ。大変な寒さのため、ボールをしっかり握るのも一苦労。審判は手袋をし、外野手は手に息を吹きかけた。ダグアウトでは選手同士が押しくらまんじゅうで暖をとったほどだった。途中、試合は30分も中断。まるでフットボールの試合だ。野球をやる環境ではなかった。

野茂は試合前、クラブハウスで待機。ヘッドホンをつけて1人用カードゲーム「ソリティア」をしていた。しかし、試合では惨めなコンディションに制球が乱れた。1回、2回、4回に四球を出した。マウンド上で靴についた泥を何度も何度もこすり落とした。しかし、回が進むにつれてピッチングが力強さを増し、4回以降出したランナーは1人だけとなった。9回、ドジャースは打者8人の猛攻で3点を追加。その間26分。野茂は両手にタオルを巻いて待った。その裏、野茂はトレードマークのフォークでバークスから三振を奪って試合終了。9回を無安打無失点。4四球、8奪三振。9−0の勝利だった。ドジャースのビル・ラッセル監督は「史上最も偉大なピッチングだ。ノーヒッターはいくつもあるが、これは特別。ペナントレースの最中に、この球場で、このコンディション。こんなことをやってのけるなんてとても信じられない」と興奮を隠さなかった。野茂のボールを受けたマイク・ピアザ捕手は「野茂はここで聖人として遇されるべきだ」と述べた。

“第二の野茂”が得たもの

海を渡ってから2年間、野茂はメジャーで最も他を威圧する投手の1人であり、かつ最も練習熱心な投手だった。デビューから最初の445イニングで500三振を奪った。野茂を「本物」と認めたメジャーの幹部たちは、第二の野茂を探し始めた。長谷川滋利《しげとし》、伊良部秀輝、吉井理人《まさと》、佐々木主浩らが野茂に続き、それぞれのレベルで成功を収めた。長谷川は米国でも有数の「トップ・リリーバー」になった。イチローと松井秀喜のインパクトはそれらをはるかに上回った。普通の米国人は天皇陛下や日本の首相の顔を見分けることができず、日本に関する知識もなかったが、2003年までに、ノモ、イチロー、ゴジラの名前は米国人の間に浸透していた。

言葉、食べ物、ビーンボールや勝利の雄叫びなど野球に関するエチケットの違いその他、海を渡った日本人メジャーリーガーは様々な文化の違いに直面した。しかしそれは自分自身の能力を再認識する場にもなった。その上、肩肘張らず、自由な雰囲気の中でできる野球を満喫した。自分の練習は自分で決めるようになり、年俸の交渉もできるようになった。野茂は「自分自身に責任をもち、自由であることは素晴らしいことだ。日本ではいつも子供扱いだった」と話した。

野茂 vs. イチロー

野茂に陰りが見え始めたのは1997年だった。この年を14勝12敗、防御率4・25で終えると翌98年前半は2勝7敗。防御率5・05に落ちた。メジャーのキャリアで初めて、本拠地でブーイングを浴びたこともあった。観客動員も野茂が先発した試合は他の投手より22％も減ってしまった。

シーズン半ばに野茂はニューヨーク・メッツにトレードされ、成績はさらに下降線をたどった。98年の最終成績は6勝12敗、防御率4・92。ニューヨーク・デーリーニューズ紙のT・J・クイン記者は「野茂は四球が多すぎる。たった2種類の球に頼っている。速球とフォークだけ。速球をうまく投げられない言い訳としてフォークを投げている。インタビューの受け答えはひどいの一語。ユーモアのセンスがない」と酷評。「今こそ野茂をクビにしろ、誰と交換でもいいから出してしまえ。ウエーバーにかけてもいい。とにかく即刻追放だ」と追い打ちをかけた。

しかし、腱炎にかかっていた野茂は、関節鏡視下手術で肘を治し、次第に復活への道を歩き始めていた。カーブも習得して投球の幅を広げていく。1999年、ブルワーズで12勝8敗。防御率4・54。2000年にはデトロイト・タイガースに移り、日本人投手としては初の開幕投手となった。ここで8勝12敗、防御率4・74。

イチローがマリナーズでデビューした2001年、野茂はレッドソックスに移った。しかし野茂に対する世間の関心は完全に消滅していた。ボストン・グローブ紙のゴードン・エデス記者は「ノモマニアはフラフープや8トラックのカセットのように過去のものとなった」と書いた。セーフコ・フィールドで行われたイチローのデビュー戦には日本から150人の報道陣が押し寄せた。シアトルとは大陸の反対側に位置するボストンでの野茂の先発試合に駆けつけた日本人記者はたったの1人だった。

しかし、野茂は急速にこのアンバランスを解消し、再びスポットライトを浴びた。2001年4月4日のオリオールズ戦で自身2度目のノーヒットノーランを記録したのだ。両リーグにわたってのノーヒッター達成者は史上4人目だった。野茂の快挙は日本時間正午すぎに達成された。唯一野茂の試合に記者を送っていたスポーツ報知が号外を出した。

2001年5月2日、野茂はシアトルのセーフコ・フィールドでイチローと対決した。東京の町は時間が止まったかのようだった。ゴールデンウィークの真っ最中。日本は真昼にもかかわらず2000万人が中継に見入った。その日、巨人の試合を見た日本人は1200万人だった。セーフコ・フィールドの記者席には50人の日本人記者が集まった。大リーグ通で有名だった元パ・リーグ広報部長のパンチョ伊東（伊東一雄）は「私がカバーした2番目に重要な試合だ」と言った。じゃあ1番は？　1995年の野茂のドジャースで

メジャー初対決でイチロー（右）を抑える野茂。2001年5月2日（Getty Images）

のデビュー戦だったそうだ。

イチローはその日まで打率・333と絶好調だった。しかし野茂が完全にイチローを支配した。第1打席を二ゴロ。第2打席を中飛に抑えたあと、第3打席には死球をぶつけた。力をこめた渾身の速球はイチローの背番号「51」の5と1の間にドスン。イチローは声をあげた。決して制球を間違えたわけではなかった。ここでは誰がボスなのかをイチローに見せつけるデモンストレーションだった。

復活を繰り返す

野茂はレッドソックスで13勝10敗、防御率4・50、ア・リーグトップの220三振を奪った。新しい契約をどうすればいいか、レッドソックスのフロントが頭を悩ませ始めた頃、野茂と野村はあっさり契約を打ち切り、ロサンゼルスに戻ると発表した。野茂はこのあとさらに2年、卓越した年を送った。2002年、野茂は

16勝6敗、防御率3・39。依然、速球に威力があり、193奪三振（101四球）を記録した。

ドジャースのピッチングコーチだったジム・コルボーンはブルワーズ時代に20勝を記録した投手だったが、この数カ月の野茂のピッチングに感激し、彼を天才芸術家になぞらえた。「野茂は驚異だ。経験を積んだプロの目から見てもそのピッチングは芸術だ。芸術評論家が遥か時代をさかのぼって、レンブラントやゴッホが実際に作品を仕上げているところを目の前で見ているようなものだ。私は野茂が投げるたびに楽しむことができる」。

野茂のストイックな性格をドジャースが喜んでいたわけではないが、多くの人が野茂はベスト・ピッチャーだと認めた。たゆまぬ努力と闘争心はチームの他の選手のお手本だった。野茂は常に完全であろうとした。自身に非常に高いハードルを設定し、どんな些細な失敗も許せない性格だった。

2003年、野茂はドジャースの開幕戦で先発、アリゾナ・ダイヤモンドバックスを完封。この年、16勝13敗。防御率3・09。奪三振177だった。しかし、9月に肩を故障。04年はスランプに陥り、4勝11敗、防御率8・25だった。翌年タンパベイ・デビルレイズに移り、日米通算200勝を達成したが、間もなくマイナー送りとなり、最後はベネズエラまで行った。誰もが「終わった」と思ったが野茂はさらにそこから這い上がって、カンザスシティ・ロイヤルズのトライアウトにこぎ着けた。体重は9キロオーバーでボールもすっかり遅くなっていたが、何とかメジャー昇格を果たした。しかしカムバックは2カ月しか持たなかった。腕に張りがあり、チームを解雇されるとそのまま引退。メジャー通算成績は123勝109敗。防御率4・24だった。

ほかと何が違っていたのか

歴史というレンズを通して野茂の記録を見直し、野茂に続いた約60人の日本人メジャーリーガーたちと比較すると、野茂が成し遂げたことがさらに印象的に映ってくる。

彼は開幕戦で2回先発した。そのうちの1回は多くの人が野茂の投手生命は終わったと言ったあとだった。ノーヒットノーランも2回。野茂と同じカテゴリーで語れるのは3人だけだろう。イチローと松井秀喜、そしてよかった時の松坂大輔だ。

野茂はメジャーで11年過ごした。2010年までは誰よりも長くメジャーを経験。うち7年間はローテーションのトップを任された。この野茂の記録に近い日本人選手は誰もいない。たぐいまれな才能をもった多くの日本人選手が、海を渡り、米国式の野球、米国の文化、そして外国に住むという孤独感から成功を逃した。

佐々木主浩はマリナーズのクローザーとして3年間活躍したが、チームのブルペン投手とそりが合わず、クローザーの座を失うと、契約が切れる前にそのまま退団の道を選んだ。城島健司は捕手として高い評価を得てマリナーズ入りしたが、チームの先発投手3人が城島の出すサインが気にいらないとし、「彼が捕手なら投げない」と言いだしたため、高額の年俸を捨てて退団した。松井稼頭央《かずお》は鳴り物入りでメジャーに挑戦したが、内角高めの速球と、スパイクを高くあげて二塁に突進するメジャーの走塁に適応できなかった。福留孝介は4400万ドルをもらいながら、外角の速球を打てなかった。3300万ドルの川上憲伸《けんしん》はプレッシャーのかかった状況で力を発揮できなかった。

さらにいえば、野茂はそれまで米国にあったアジア人に対する差別、偏見を取り除き、米国社会における日本人の尊厳を高め、日本国民に自信を与えた。現代史の中で、そうした過程を経て野茂は社会的に重要な人物になっていった。野茂の物語は、アメリカンドリームの原点を思い出させる。パイオニアたちは祖国を捨ててアメリカの地に渡り、ここからマイノリティ（社会的弱者）としてアンダードッグ（負け犬）からスタート。ハードワークを経て成功を手にする。これがアメリカ合衆国建国の哲学でもある。

野茂の大ファンの1人はフィル・ガーナー。ミルウォーキーとデトロイトで彼の監督だった。「彼は特別な人間だった。メジャーリーガーとしても体が大きく、強靱だった。私の知る限り野茂はメジャーでも最も強い脚をもっていたのではないか。彼の独特のワインドアップを支えるには脚が重要だ。彼は特別なアスリートであり特別な人間だった」「アスリートか人間か。どちらが先でもいい。とにかく特別だった。ポール・モリター、ロビン・ヨーント、アンディ・ペティットもそうだった。そして野茂英雄も」「野茂はとても頭のいい男だった。自制心が利いていた。フィールド、ダグアウト、クラブハウスでは周囲に敬意を表し、カッとなることは一度もなかった。グラブを叩きつける姿を見たこともなかった」「すべての選手が野茂を尊敬した。野茂は気持ちをコントロールし、頭を使っていた」「野茂と松坂は比べものにならなかった。ダイスケは勝利するために野茂以上の球数が必要だった。松坂はコーナーを丹念に突き（nibble）、ストライクゾーンのギリギリに投げようとしていた。松坂は打者を恐れていたように見えた。野茂はそうじゃなかった。彼は怖いもの知らず。地球上の人間なら誰でも三振にとれた」「彼は三振を取るコツをわきまえていた。これは球数やブルペンでの練習が制限されている現代の投手には素晴らしいレッスンだ。こうした制限自体、実はナンセンスなのだが」。

「野茂は1試合に他のどの投手より球数を投げた。それでも彼をマウンドから降ろすことは困難だった。彼は常に最後まで投げたいといった。しかし、メジャーでは皆がそう言うわけではない」「野茂は先発・野茂のいいリリーフ投手だった、と敢えて言いたい。終盤、制球を乱し、ボールを8回連続して投げることもあった。ところがそのあと、野茂は自分を取り戻し、20球から30球かけて試合をコントロールした」「私の知る限り彼は最も練習をする投手だった。そう、毎日だ。そういう投手はあまりいなかった。そして外野で遠投。投手のモデルだった」。まさに、アメリカンドリームの実現だった。

野茂が遺したもの

野茂と団野村が1995年に野球協約「任意引退」の不備をついて日本を捨て、メジャー挑戦に成功した時、2人がそのことの持つ重大さにどこまで気づいていたかは疑わしい。しかしこのあと、多くの変化が起きた。2人が扉を開かなければ、その変化は永久に起きなかったか、大幅に遅れたことだろう。野茂とその代理人がいなければ、「任意引退」の不備は永久に見つからなかったかもしれないし、それに代る「ポスティング・システム」も生れなかっただろう。そうなれば、イチローや松坂、大谷がこれに続くこともなかったかもしれない。日本でメジャーの開幕戦が行われることもなかっただろう。

野茂が日本の封建的な契約制度を打ち破って米国に行かなければ、2004年のプロ野球選手会による歴史的なストライキはなかったかもしれない。このストのおかげで球団数が8に減ることもなく、逆に楽天が仙台に誕生した。インターリーグ（交流戦）が始まり、選手が代理人を使うことが緩和されたのも野茂のおかげだ。野茂がいなければワールドベースボールクラシック（WBC）も誕生していなかっただろう。そして何より、野茂のおかげで、日本にはメジャーを目指す才能あふれた選手がいることが分かったのだ。

福岡ソフトバンクの元球団幹部で、コロンビア大のビジネススクールを卒業した小林至《いたる》はこういう。「国際化はいずれ来る運命だった、という人もいるでしょう。1990年代後半はスポーツビジネス界に国際化の波が押し寄せ、NBAや英プレミアリーグが誕生。主なスポーツの売り上げが90年代後半から2000年にかけてスカイロケットのように跳ね上がった。イチローも最終的にはメジャーに行っていただろうが、野茂がいなければ、01年に〝マリナーズ・イチロー〟は誕生しなかったと思う」。

野茂のあとを追った約40人の投手のうち誰か別の選手でも、メジャー行きの門戸を開くことはできなかったとみる人が多い。黒田博樹は2008年、「野茂さんがいなければ今の自分たちはないと思う」と話している。

2　日米の野球殿堂

何をすれば殿堂入りできるか

引退後、帰国した野茂はオリックス・バファローズのコーチを務めた。しかしオリックスの首脳陣は彼の米国式練習方法やコンディショニングを評価せず、野茂は2年で球団を去った。ついで広島カープの臨時コーチになり、日本の独立リーグを経済的に支援した。しばらくはメジャーと距離を置いた。ロサンゼルスまで飛んで来て、ドジャー・スタジアムで始球式をしてくれれば10万ドル差し上げましょう、というオファーを蹴ったこともある。妻子と約束したオレゴンでのバケーションを優先したのだった。2016年、パドレスのアドバイザーに就任し、チームの選手育成や国際化に協力している。

野茂は2014年1月に日本で野球殿堂入りした。表彰候補入り1年目での殿堂入りはスタルヒン、王貞治に次いで史上3人目だった。しかし米国のクーパーズタウン（殿堂）入りは、資格をもった最初の年（14年）にわずか6票しか得られず落選、次回以降の選考対象からも外れた。あとはベテランズ委員会による審査にゆだねるだけとなった。

それでも野茂の殿堂入りに関しては多くの人が熱い議論を戦わせた。メジャーの殿堂入りは2018年までに323人が果たしている。226人が元メジャーリーガーで、35人がニグロ・リーグと球団幹部から選出。しかし現代のメジャーリーガーのわずか1%しか殿堂入りを果たしていない。このうち41%は全米野球記者協会（BBWAA）が毎年1回選出、他の59%はベテランズ委員会で選ばれている。BBWAAの設定した殿堂入りの基準は非常に高い。選手は引退後5年で、殿堂入りの投票を受ける資格を得る。引退後、20年の間に記者協会に選ばれなかった人は、ベテランズ委員会の審査の対象になる。

このシステムは決して完璧とはいえない。殿堂入りにふさわしいと思える選手、監督、フロント幹部、オーナー、スカウトなどが軒並み撥《は》ねられてきた。彼らの多くが、撥ねた記者より自分たちが遥かに事情を理解していると思っている。もちろん事情に精通している記者もいるが、過去の些細な出来事、たとえば気軽にインタビューに応じなかったことなどから執念深く報復に出る記者もいないではない。投票に熱心でない記者もいる。

年間61本塁打してベーブ・ルースの記録を破ったロジャー・マリスがなぜ殿堂入りしていないのか、多くの人が疑問に思っている。マリスはこれ以外で目を見張る成績がなかったと説明する記者もいるが、今の評論家たちは、61本塁打は歴史的に非常に重要な出来事であり、マリスが他に何をしていようが、していまいが関係ないと言う。

それはそれとして、野茂の場合もこうした条件にさらされた。野茂のメジャー成績は123勝109敗、防御率4・24だ。殿堂入りを決める投票権をもつ記者たちにとって、「殿堂」を考慮すべき数字ではなかった。日米通算200勝も、日本の野球を二流とみている米国人記者にとっては大きな要素ではなかった。グランドセントラル出版の編集長で、ラジオショーのホストをつとめる元マイナー・リーガーのリック・ウルフはこう言った。「野茂がクーパーズタウンに招かれるチャンスはないと思う。いいキャリアを残し、たくさん三振を奪いノーヒッターも2度やったが、殿堂入りするには、もっと群を抜いた投手でなければならなかった。私のいう群を抜いた投手とはランディ・ジョンソン、グレッグ・マダックス、ジョン・スモルツ、そして（ステロイド使用前の）ロジャー・クレメンスだ」「野茂は素晴らしい結果を残し、日本人のために門戸を開いた。だが、殿堂入りは無理だろう。あと3年、投手としていい時期があったら話は別だが」と言ったのは2000年にメッツをワールドシリーズに導いたボビー・バレンタイン監督だった。

しかし殿堂入りに関しては単に数字だけではない。ジャッキー・ロビンソンは数字的には殿堂入りの条件を満たしていない。実働はわずか10年で生涯打率は・311、137本塁打、734打点。ポストシーズンの打率は38試合で.234だ。しかしロビンソンは1947年、人種の壁を破ってブルックリン・ドジャースに入団、アフリカン・アメリカンとしてメジャーデビューを果たした。それまで多くの人が、黒人はメジャーのハイレベルな戦いについていけないと見ていた。ロビンソンのデビュー直前、レッドソックスのオーナー、トム・ヨーキーはボストン・グローブ紙にこう言ったものだ。「野球のダイヤモンドの上でブラックはホワイトに対し何のチャンスもない。努力をしても無駄なだけだ」。

ヨーキーはロビンソンやウィリー・メイズら優秀な黒人選手を獲得するチャンスを逸した。ロビンソンは激しい人種差別を克服した。悪意に満ちた白人たちからの、言葉に言い表せないほどの行為にも耐え、ヨーキーは前言を取り消さざる得なくなった。

このあとウィリー・メイズ、フランク・ロビンソン、ハンク・アーロン、バリー・ボンズらが次々とメジャーの記録を塗り替えていった。これと同じように野茂もまた日本人選手にメジャーへの門戸を開き、イチロー、松井、松坂らがこれに続いた。

野茂の元チームメイト、エリック・キャロスは「野茂以降の日本人選手が米国で受けた視線と監視は、野茂が受けたすごさとは比較にならない」。続けて、「かなり上の部分に野茂がいて、それ以外はその他大勢だ。野茂は男の中の男だった。日本での実績を捨てて、ここで成功を収めた。メディアの24時間態勢の監視にも動じない。野茂以外にもいい選手がいただろうが、野茂でなければ様々な試練を乗り越えることはできなかった」。

デーブ・ウォレスは野茂が初めてメジャーに挑戦した時の投手コーチ。「彼が最初の男となった。失うものばかりが多く、得られそうなものは何一つなかった。しかし多くの人のためにテーブルを用意した。日本人選手は永久に野茂に感謝することになる」。

野茂が受けた差別と殿堂入りの可能性

もちろん、野茂も差別は受けたが、ロビンソンが耐え抜いた迫害に比べると些細だったというしかない。ロビンソンは人種の壁を打ち破り米国の黒人選手に門戸を開いたが、野茂の場合は、日本からメジャーに行こうという日本人だけに門戸を開いたといえる。これはかなりの違いだ。野茂の重要性は米国より日本にあったといっていい。

ジョージタウン大卒で東京をベースにコンサルタントをしているミッチ・ムラタは「野茂がイエローの壁を破ったのはロビンソンがカラーの壁を破ったのとは違う」と言った。日本の野球に関する本を6冊出し、楽天のコンサルタントをつとめるマーティ・キーナートは「野茂はロビンソンと同じカテゴリーとはいえないというのが野球記者の見解だ。ロビンソンは米国社会を変える手助けをしたが、野茂は日本社会の変革だけに関与したといえるからだ」。

しかしジャパン・タイムズ紙のスポーツ・エディター、ジャック・ギャラガー記者のように、野茂の殿堂入りは予測できることだと言った人もいた。

1995年、ギャラガー記者がSFジャイアンツのコンサルタントをつとめていた時、マッシーこと村上雅則が史上初の日本人メジャーリーガーになって30年のお祝いをしようとの計画が持ち上がり、ギャラガー記者は「日本人初のメジャーリーガーが殿堂入りする可能性は?」と米国野球殿堂博物館に問い合わせた。

1996年2月6日、野球殿堂の広報担当、ジェフ・アイデルソンから一通の手紙が届いた。「親愛なるジャックへ。マサノリ・ムラカミに関する問い合わせをいただきありがとうございました。ご返事に時間がかかりましたが、それはあなたからの情報を私の同僚たちと共有したかったからです。残念ながら、マッシーにはベテランズ委員会が殿堂入りを検討するだけの試合数が不足しており、『資格』がありません。もちろん、メジャーでプレーした最初の日本人というのは歴史的に重要な意味がありますが、殿堂入りを考慮するに足るプレー時間がないのです。さらに正直にいえば、パイオニアのカテゴリーにも入りません。パイオニアとは何かのトレンドを巻き起こした人のことを指します。ここまで、日本の選手が米国のチームに参加したというトレンドはないのです」。この手紙を受け、ギャラガー記者は「もし野茂がこのパイオニアのカテゴリーに入らないなら、いったい誰が入るというのだろう」と言った。

野茂の殿堂入りを信じている人は他にもいた。元ドジャースオーナーのピーター・オマリーだ。しばらく彼の言葉を引用しよう。

野茂の殿堂入り？ 当然のことだ。彼はパイオニアだ。他の日本人選手に門戸を開き、米国の野球を変えた。それがいかに大変だったか、他人には分からないだろう。野茂がうちとサインした時、組織の中にも、フロントの外にも日本語を話せる人間は1人もいなかった。コーチ、トレーナー、ドクター、選手。誰も日本語ができなかった。そうした障害の中で彼が成し遂げたことは並外れたものとしかいいようがない。あなたが突然、ロサンゼルスに舞い降りたとする。英語も話せず、米国の習慣も知らず、米国流の野球も知らない。それでも成功を収めた。もうシャッポを脱ぐしかない。私は間違いなく彼が殿堂入りすると信じている。

野茂はプロ中のプロだった。チームメイトやプレスとコミュニケーションをとらないと批判されたが、誤解していたのは彼らの方だ。野茂は真のプロであり、1日24時間自分の仕事に集中していたいタイプ。つまらないおしゃべりを嫌った。そんなことをしていたら集中力を削がれ、準備に支障が出ると考えていた。

スタジアムを離れると、彼は愉快な若者だった。私は会った最初の日から彼が好きになった。彼も我々と一緒で居心地がよかったようだ。我々はいつもとてもいい関係にあり、彼と彼の息子さん2人とは今も連絡を取り合っている。

野茂に関する唯一のベストメモリーはデンバーでのノーヒットノーランだ。非常に厳しい条件下の試合だった。高地で空気が薄く、相手は強力打線。悪天候で試合開始が遅れた。非常に厳しい環境の中でノーヒッターをやってのけた。

あれは彼がMLBで学んでできたことではない。彼が日本時代にすでにもっていたものだ。彼は米国で、世界のベストの打者との対決を望んだ。それを実現し成功させた。そして後輩たちに門戸を開放した。それこそが彼が殿堂入りにふさわしい理由だ。

野茂が野球界にもたらした経済効果も殿堂入りの評価につながるかもしれない。野茂のメジャーデビュー以来、チケットの売り上げ、日本での放映権、グッズの売り上げや広告収入でMLBは3億ドル（312億円）の収入があったと見られている。元ソフトバンク幹部の小林至は「純粋にビジネスの観点からだけでも野茂は殿堂入りにふさわしい」。

私も野茂が、将来必ずクーパーズタウンに招かれると信じている。

日本の野球殿堂の「公平さ」

翻って、日本の野球殿堂について少し振り返ってみよう。

日本の野球殿堂博物館は1959年、後楽園球場そばに開館し、88年、東京ドーム内に移された。長く壮大な日本のプロ野球の歴史に敬意を表するのにふさわしい施設だ。歴代殿堂入りは川上哲治、鶴岡一人、長嶋茂雄、金田正一、野村克也、王貞治といったメンバーを筆頭に、衣笠祥雄《さちお》、星野仙一。近年では金本知憲《ともあき》、松井秀喜、原辰徳。2019年1月にはプレーヤー表彰として元中日の立浪和義、エキスパート表彰として元DeNA監督の権藤博《ごんどうひろし》が選出された。高野連元会長の脇村春夫も特別表彰で殿堂入りした。

権藤は中日入団1年目の1961年、429回3分の1を投げ35勝。最多勝、最優秀防御率、新人王、沢村賞などタイトルを独占した。連投に次ぐ連投を評した「権藤、権藤、雨、権藤」は有名。1998年には監督としてベイスターズを日本一に導いた。立浪は中日一筋22年。歴代8位の通算2480安打を放ち「ミスター・ドラゴンズ」と呼ばれた。有効投票数（371票）の77・4％にあたる287票を獲得した（表彰には75％以上が必要）。改めて、おめでとうと言いたい。

ただ、それはそれとして、この野球殿堂の選考は明らかに公平さに欠ける。日本で活躍した偉大な外国人選手をほぼ無視した状態がいまだ続いているからだ。過去に外国人選手で殿堂入りしたのは元巨人のビクトル・スタルヒンとウォーリー与那嶺（与那嶺要《かなめ》）の2人だけ。殿堂入りしていないガイジン選手の筆頭はバースだ。レロン・リーは通算打率で日本プロ野球歴代2位の.320。アレックス・ラミレスは選手時代の2013年に日本球界通算で2000本安打を達成した。タフィー・ローズは464本塁打（歴代13位）した。少なくともこの4人は日本の野球殿堂入りにふさわしい。いったい何が起きているのか？

ガイジン選手は日本でのプレー歴が短いという議論はある。バースは最高で65％の票を獲得したが、日本でプレーしたのがわずかに6年だったことがネックになったとされた。しかしリーは11年間日本でプレーし5000打数以上ある。ラミレスも13年間プレーして

MVP2回、オールスター選出8回。2018年初めて殿堂入りの資格を得たが、わずか40%（150票）だった。なかでもローズが除外されていることは極めて不可思議だ。歴代13位の本塁打数をマークしたが、プレーヤー表彰の候補者として18年も110票で29・6%だった。ローズの日本での現役は通算13年。1674試合に出場し、打率・286。本塁打は長嶋（444本）より多い。2001年にはMVP、ベストナインも7回を数える。それがわずか110票。野村謙二郎（138票）、小久保裕紀《ひろき》（119票）より少ないのだ。

「驚くべき不均衡」

これについてジャパン・タイムズ紙のジェイソン・コスクリー記者が「驚くべき不均衡」と怒りの記事を書き、米国の多くのメディアがこれを引用した。野球サイト「SBネーションン」のボブ・エリス記者は「もし日本のプロ野球が外国人選手を歓迎し、各球団がそれら選手の能力でチーム力を上げたいのなら、日本で育った選手と同様の扱いをすべきだ。ローズのケースは言語道断といわざるを得ない。（メジャーのボンズやクレメンスのように）パフォーマンスをあげる薬物を使ったわけでもないし、ピート・ローズのように野球賭博に手を染めたわけでもない。カート・シリングのように記者と仲が悪かったわけでもない。

彼は単に外国から来た選手というだけで殿堂入りから除外されている」。

「タフィー・ローズと日本の殿堂」との見出しで特集を組んだ米NBCスポーツは「彼は米国では決して特別な選手ではなかったが、日本で特別な選手になった。ローズにはとにかくサポートがない」と指摘。「ホール・オブ・フェイム（殿堂）」ならぬ「ホール・オブ・シェイム（恥の殿堂）」との合唱が始まった。

ローズの日本での経験がアメリカで話題になったのはこれが2度目だ。2001年には四球攻めに遭い、王の年間本塁打記録（55本）を破れなかった。当時、ニューヨーク・タイムズは、「ローズがシーズン55本塁打を放ったあとダイエーの投手陣はローズとまともに勝負せず記録更新を阻止した」と書いた。さらに同紙によると、当時ダイエーのコーチだった若菜嘉晴は、「王監督自身は敬遠を望まなかっただろうが、我々は王監督が、目の前で自分の記録を破られるのは見たくなかったはずだと考え、敬遠を指示した」とコメントした。怒ったローズはその後、王と口をきこうとせず、握手も交わしていない。エリス記者はこう続けた。「野球には〝壁を破る〟というすばらしい歴史がある。どうやら、もう1つ破るべき壁があるようだ。かつて『最後の4割打者』といわれたテッド・ウィリアムズは、野球殿堂入りを果たした際のスピーチで、サチェル・ペイジやジョシュ・ギブソンなどニグロ・リーグで活躍した名選手たちの殿堂入りを訴えた。それに倣って、皆から尊敬され、今回の問題にもかかわりのある王のような人物が前面に出て発言し、外国人選手を公平に扱う何らかの保証を確約する時期ではないか」。

3 ポスティング・システムを作らせた男

ヤンキースに行きたがった投手

ある時期、世界でもトップクラスと言われた日本人投手に、伊良部秀輝がいる。波乱に満ちた人生だった。父を知らずに育ち、日米の野球関係者による独善的な取り決めに逆らった。最後の数年はアルコール依存など様々な問題に苛まれ、自殺で幕が引かれた。しかし、彼は日米の野球、特に選手の権利に関して歴史的に大きなインパクトを残した。これだけでも人々に記憶される価値がある。

日本から米国への道のりは特に険しかった。野球選手をまるで家具か何かのように扱う野球界の幹部たちのおかげで様々な障害に遭遇した。意志の弱い選手なら途中で挫折していたに違いない。

伊良部は193センチ、100キロ。速球の最高スピードは159キロ。鋭く曲がるフォークとこの速球で日本一の投手になった。千葉ロッテの選手として27歳までに、防御率と奪三振の2部門で2度もパ・リーグのトップに立った。当時ロッテの監督だったボビー・バレンタインは、ピーク時の伊良部はノーラン・ライアンにも匹敵するとし、メジャー行きを強く勧めた。世界の超一流と戦いたいというのは伊良部の長年の夢だったが、FAになるまでに10年というルールがそれを阻んでいた（米国の場合は6年）。

そこで伊良部は球団幹部に、メジャーのチームにトレードしてもらえないかと尋ねた。最初は渋っていた球団も、次第に悪くないアイデアだと考えるようになった。球団はサンディエゴ・パドレスと選手交流などで協力関係を結んだばかり。当時ロッテにパワーヒッターがいなかったため、伊良部を出せば米国のホームランバッターを取れると踏んだのだ。

ところが伊良部は有名なヤンキースでしかプレーしたくないと言い出す。ヤンキースはこれを歓迎。事態打開に伊良部は代理人に団野村を指名した。野村は野茂をメジャーに送り込んだばかりだった（その抜け穴は日本のオーナーたちに素早く封印されてはいたが）。

ロッテの実質的オーナー・重光昭夫はこの伊良部の「礼を失した行為」に不快感を露わ

にした。先述したように重光は日本生れの韓国人で、父・武雄はガムからホテルまでアジアを席巻する〝ロッテ王国〟を築いた立志伝中の人物。その息子は部下からの「完全服従」に慣れ切っていた。日本のプロ野球のオーナーたちは、徳川時代の大名のように球団を支配し、選手を物として扱い、代理人を認めず、ひ弱な選手組合に高飛車な態度に出ていたが、重光昭夫も例外ではなかった。重光はまず、伊良部の保有権はロッテが有し、その範囲は世界に及ぶと主張。このままでは伊良部は日本で野球ができなくなると脅した。

伊良部と野村が、ロッテの主張は無効だと米国の裁判所に提訴する動きを見せると、重光側近はボスのために非道ともいえる策を弄した。まず、ロッテは伊良部がヤンキースに行けるよう最善を尽くすと口頭で告げ、その代わりにロッテの幹部が書いた手書きの文書にサインするよう求めた。秘密めいた異様な申し出ではあったが、重光の家来は、これはあくまで形式的なもので、ただ、将軍は27歳の家臣の行動を不快に思っている、それを鎮める必要があるのだ、と説明した。またその手紙が将来、日の目を見ることは決してないと約束した。伊良部は手紙にサインした。

重光はヤンキースに伊良部を出したいと申し出た。だが、見返りに当時39本塁打したオールスター選手、セシル・フィルダー一塁手を欲しい。しかも1000万ドルという年俸の半分はヤンキースに負担して欲しいとの条件を付けた。予想通りヤンキースは非常識だとし、拒否した。伊良部との1月のミーティング。「最善の努力はしたが、ヤンキースが協力しない。君を選手2人と交換でパドレスにトレードする。君はもううちのクラブの人間ではない」。重光はそう言って、伊良部との会合を打ち切った。

あ然とした伊良部は3年450万ドルというオファーを蹴ってサンディエゴ行きを拒否。「あくまでヤンキースに行きたい」と言い張った。パドレスの幹部、ラリー・ルッキーノは「もしサインしないいなら、1年待たなくてはならなくなる」。これに伊良部は「奴隷貿易だ」と猛反発した。すると重光は伊良部がサインした手紙を公開し、「伊良部はメジャーならどこにでも行くと我々に約束している。もう、わがままはやめるべきだ」と主張した。この袋小路を打開すべく、サンディエゴでMLB幹部による特別会議が開かれた。伊良部は宣誓供述し、あれはあくまで個人的な手紙でありヤンキースとのトレードを口頭で約束されたと主張した。ロッテはこの伊良部の主張に反駁さえしなかったが、パドレス有利の判決が下された。日米のコミッショナー間で結ばれた1967年の協約を引き合いに、MLBの幹部は「この手のトレードは禁止されていない。日本人選手の権利が問題になっているが、他にも考慮すべきことがあり、パドレスに交渉権がある」とした。

あきらめない伊良部

伊良部が普通の人間だったら、ここでサインしていただろう。サンディエゴはきれいでとてもいい町だ。気候はいいし、ゴルフ場がたくさんある。しかし伊良部は引き下がらなかった。パドレスの「サインするか、しないなら1年干す」という態度はロッテと同じだといった。この時点で伊良部は、自分のあとに来る日本人選手が同じ目に遭わないように何とかしなければ、と義務感に燃え始めたようだった。

ヤンキース入りの希望を訴え続ける伊良部。左が代理人の団野村。1997年3月20日(朝日新聞社)

野村のチームに加わったジーン・アフターマンは「彼は決してパドレスとサインしない。選手が行きたいというチームがある以上、ノートレード・クローズ(選手がトレードを拒否できる条項)が発生する。オーナーたちは伊良部を家具か肉片のように扱っている」と訴えた。

その間、一時的ではあるが、伊良部はロッテに戻ることも考えた。パドレスに交渉権はあるが、万一、交渉が決裂すればロッテに伊良部の保有権が存在していたのだ。

迷路のような状況。ただ、この年、選手が日本でＦＡになるまでの期間が10年から9年に短縮された。伊良部は密かに１９９７年のシーズン途中にＦＡ資格を得ることができると計算していたようだ。だがロッテはそのような淡い夢を即座にシャットアウトした。マリーンズ広報担当・堀本祐司は、ロッテが伊良部を再雇用する場合の条件を次のように通告した。まず伊良部は自身の言動を謝罪すること。特に「奴隷貿易」と表現したことを謝罪するよう迫った。その発言は「マリーンズの名誉を著しく傷つけた」という。

さらに、プロ野球界には本来、選手を保有する権利がある。伊良部は日米のコミッショナー、メジャーの全球団、重光オーナーに謝罪し、米国への移籍を断念したこと、２度と北米に行こうとはしないと声明を出せと要求した。アフターマンは皮肉を込めてこう言った。「これで伊良部は日米両国で最高齢の保留選手となった。いいニュースは伊良部が切腹を命じられなかったことくらいか」。

もともとオーナー側に立つことの多い日本のスポーツメディアは、伊良部を身勝手で恩知らずだと批判。サンディエゴの地元紙も伊良部に反発した。それでも伊良部と野村は意思を曲げなかった。今度は大リーグの選手会に助けを求めたのだ。選手会は、一連の交渉の中で、伊良部たちが追いつめられていったと感じていた。

選手会のジーン・オルザは、「もし、伊良部が金髪で青い目のジョン・スミスという名前だったら、今回のようなことは一切起こらなかったと、心から信じている」と発言。決定の裏に人種差別があったとほのめかした。選手会も法的手段を取るとプレッシャーをかけた。その結果、メジャーの最高幹部は、選手の承諾なしに米国の球団とのトレードはできないとの新たな規約にたどり着いた。

一連のロッテとの交渉にすっかり嫌気がさしていたパドレスは、ここで3人の選手との交換で伊良部をヤンキースに出した。伊良部は希望をかなえた。だが、もっと重要なのは、彼が選手の権利を守ったチャンピオンとして歴史に名を残したことだ。これが現在導入されているポスティング・システムにつながった。まだFA権を取得していない選手が米国への移籍を希望した場合に所属球団が行う入札制度のことで、当初は最も高値をつけたMLBのチームが選手との独占交渉権を得た。これを使って移籍した日本人がイチローや松坂。松坂にはレッドソックスが5100万ドルという史上最高額を入札。6年契約（5000万ドル）を交わした。

もし、伊良部の時にポスティング・システムがあったら、彼は間違いなく熾烈《しれつ》な獲得競争の対象だっただろう。だが、伊良部のヤンキースとの契約は4年1280万ドルだった。

野村は言う。「イチロー、松井、松坂らは皆、伊良部に感謝しなくてはならない。伊良部にガッツと意志があったからこそできたルールだ。ある意味、野茂のメジャー挑戦は伊良部に比べたら、簡単だった。野茂の場合は、任意引退を巡る有利な抜け道があったからだ。伊良部の場合は前例となるルールが全くなかった。粘り強く戦うしかなかった。伊良部がこう言ったのをよく覚えている。『もし今僕があきらめたら、すべての人間が海外チームへのトレードを拒否する権利を失ってしまう』。私は彼をとても誇りに思ったものだ」。

鳴り物入りのデビューからマイナー落ちまで

伊良部秀輝はニューヨークで王様のような歓迎を受けた。当時のオーナー、ジョージ・スタインブレナーの個人ジェットでニューヨーク入りし、ルディ・ジュリアーニ市長から敬意を表する「市の鍵」を贈られた。1997年7月10日、ヤンキー・スタジアムでの伊良部のデビュー戦は球団史上に残る印象深い試合となった。平日のナイターにもかかわらず観衆は5万人を超え、その3分の1が日本人だった。日本では早朝のテレビ中継に3000万人が見入った。伊良部はマウンドにあがると150キロ台後半の速球と150キロ台前半のフォークボールで9三振を奪い、チームは10－3でタイガースに勝利した。

7回に2アウトを取ったところで交代を告げられると大観衆から喝采の嵐。歓声はいつまでも、いつまでも続き、伊良部はチームメイトにフィールドへ押し戻されカーテンコールに応えた。恐らく伊良部のキャリアの中で最高と思える瞬間だった。

ところが、このあと結果が伴わなくなり、マイナーに送られた。このシーズンは5勝4敗止まり。防御率は7・09というひどさだった。こうした状況が翌シーズン以降も繰り返された。98年、サイ・ヤングのようなスタートを切り、中盤まで8勝4敗、防御率2・47。5月にはア・リーグの月間最優秀投手にも選ばれた。伊良部は粒ぞろいのスター軍団のなかでも最高の投手だった。ところが、このあと、またも不可解な崩れ方をして13勝9敗、防御率4・06でシーズンを終えた。翌99年も最初の4カ月は9勝3敗。7月には月間最優秀投手に選ばれたが、最終的には11勝7敗、防御率4・84だった。最悪だったのは8月9日のオークランドでのアスレチックス戦だろう。2回までに大量8点のリードをもらいながら、8安打6失点。5回途中、走者を2人残して降板させられてしまった。勝ち投手の権利さえ確保できない内容にヤンキースのジョー・トーリ監督は激怒。その怒声はアスレチックスの観客席にまで届いた。

伊良部が在籍した3シーズン、ヤンキースはすべて地区優勝をとげたが、首脳陣は伊良部に対する信頼を失くしてしまった。数百万ドルの無駄といわれ、伊良部はプレーオフで先発ローテーションから外された。

彼のパフォーマンスは古くからの童謡、「彼はいい時は本当にいい子。悪い時は本当にひどい子」を思い起こさせた。ヨーヨーのように不安定な伊良部のピッチングは首脳陣を悩ませた。メル・ストットルマイヤー投手コーチは「いい時の伊良部は、私が見たなかで最高のピッチャー。だが、悪い時は最悪のピッチャーだ」。捕手のポサダも「いい時の伊良部はメジャーでも最もえげつない球を投げるが、ひどい時は本当にひどかった」。

メジャーのハイレベルな闘争に精神的について行けないのではないか、という声が聞こえるようになった。特にヤンキースはチーム内の競争が激しい。暴君の名をほしいままにしたスタインブレナー・オーナーから常に完璧を要求されるうち、精神のバランスを失ったのではないかとの意見も飛び出した。

日本では打たれることのなかった158キロの速球をホームランされたことで自信を失い、速球でストライクを取りに行けず、変化球でコーナーをついているうちに四球を連発、無死満塁のピンチを迎えて痛打され、さらに自信を失っていった。

性格のナイーブさ

それでもクラブハウスでは仲間から好かれていた。言葉の壁はあったが笑顔を絶やさず、覚え立ての下品な英語でチームメイトを笑わせた。チームに溶け込み、米国流の野球を覚えようと努めた。あるとき乱闘でフィールドに飛び出したが、手にタオルを巻いたままだった。チームメイトに「ダメなやつ」と思われなかっただろうか、とおそるおそる聞いたが、「何でもない」と言われて胸をなで下ろしたというエピソードもある。

気前もよかった。チャリティーに多額の寄付をし、フロントの人間や通訳のジョージ・ローズにも高価な贈り物をした。最初のワールドシリーズでもらったカネをそのローズに渡し、大学院卒業後のローンを完済させた。ワールドシリーズでもらった高価なペンダントを球団の特別許可をもらって作り直し、入団騒動のとき代理人をつとめてくれたアフターマン女史にプレゼントしたこともある（彼女は後にヤンキースの幹部となり、チームの弁護士もつとめた）。アフターマンは、「彼はとてもいい人だった。私の自宅で開いたバーベキュー・パーティに、私の大好きな『梅酒』を持ってきてくれたこともあった。ロサンゼルスではとても入手困難な品で、彼はリトルトーキョー中を探したと言ってたわ」。

そして「他人に対してとても思慮深い人だったけど、ニュースになるのは別のことだったわね」とも。別のこととは、時折ピッチング中に見せた苛ついた態度の延長線上にあった。自分の気持ちをコントロールできないことが多く球場の内外でトラブルを起こした。それは本人も素直に認めていたことだった。

ロッテ時代、重要な場面で失点し、ダグアウトを蹴り上げ親指を骨折したことがある。米国でも何度も癇癪《かんしゃく》を爆発させた。ある負け試合ではブーイングを浴びせるファンにツバを吐きかけた。ヤンキースのクラブハウスのドアを拳で壊したこともある。ヤンキースの一員として初めて春のキャンプにフル参加した時は酔っ払って大暴れ。タンパのホテルの部屋を文字通り破壊した上、結婚したばかりの妻、京淑《きょんす》さんを殴ってしまった。フィラデルフィアでは、4回にKOされるとビジターの更衣室を壊した。タバコを1日に2箱吸い、ビールを浴びるように飲んだ。2度目の春キャンプを迎えるころには体重は113キロを超え、とても野球選手と言える体ではなかった。ニューヨークの記者は「伊良部は嫌いな銘柄のビールやタバコに出会ったことがない」と書いた。

タンパでのオープン戦では緩慢なプレーをし、スタインブレナーから「太ったヒキガエル」と呼ばれた。すっかり落ち込んだ伊良部は、それ以降、移動でヤンキースのプライベート機に乗り込むことを拒否。代理人の野村が飛んで来て伊良部をなだめた。伊良部はこれらの出来事について後日、球場外での精神的な落ち込みが原因だったと話している。

メディアとの関係

メディアとの関係もよくなかった。特に彼をどこまでも追いかけ回す日本のメディアを嫌い、彼らを「虫けら」「金魚のフン」と呼んだ。ブルペン練習中の伊良部を熱心に撮影していたカメラマンめがけてボールをぶつけ、ビデオカメラを壊したこともある。伊良部はパドレスとのトレード問題でもめたときに、悪く書かれた記者をブラックリストに載せていた。そのなかには、伊良部がパドレスとの契約を拒否した本当の理由について、彼の母親が北朝鮮出身であり、サンディエゴは朝鮮戦争のとき、北朝鮮に軍事攻撃を行った米海軍の出撃基地だった、だから伊良部が嫌がったのだ、と書いた記者も含まれていた。

伊良部の複雑な出自を記事にしたニューヨーク・タイムズ紙の記者とも衝突した。記事の内容はこうだ。伊良部は沖縄出身の母親と米国人の軍人の間に生れたが、間もなく父は米国に帰国。その後は母親の手で育てられた。しかし、育ての父は荒くれ者で大阪の低所得者層の町で育った。子供時代には外国人のような容貌をからかわれた。ロッテ時代、伊良部は数人の記者と酒を飲みながら、自分はいつか米国に渡って有名な野球選手になる、そこで実の父親が気づいてくれることを望んでいると打ち明けたというものだった。

この記事はたちまち日本のメディアで大々的に報道され、伊良部を苛立たせた。「これはプライバシーの侵害であり、他人には関係のない話だろう」というのが伊良部の言い分。これを書いた記者もブラックリストに入れた。

伊良部をよく知る人は、彼の気性の荒さは、共用のロッカーを蹴った経験のあるポサダやジーターほどではないと言った。ましてやカルロス・ザンブラーノのような選手に比べたら、はるかにおとなしかったと話した。しかし、伊良部ははるばる日本からやってきた新人であり、日米両球界の権力者たちとのトラブルが大々的に報道されたあとだっただけに、彼の行動は常にメディアに監視され、ことあるごとに大きく報道された。

理由が何であれ、伊良部の行動は日本人のイメージを壊していった。マンハッタンのミッドタウンにある有名な日本食レストラン「オバタ」の従業員は、「本当に困っている。伊良部によって日本人のイメージが悪くなった」と嘆いた。日本国内でも伊良部を非難する声が相次ぎ、団野村の母親である野村沙知代も、「伊良部は日本の恥」と、全国ネットのテレビで言った。

伊良部は癇癪と鬱病に交互に襲われた。そういうときは、ホテルの部屋に引きこもり、人体の構造を描くという趣味で気持ちを落ち着かせたという。イラストの腕前はなかなかのものだったそうだ。

ボビー・バレンタインは「おそらく伊良部は大リーグでのキャリアをスタートさせるのに最も悪いチームを選んでしまった。彼が必要としたのは自分を守ってくれる環境。助けてくれる雰囲気が必要だった」と言った。しかし、すっかり嫌気がさしたヤンキースは2000年までに伊良部をモントリオール・エクスポズに移籍させてしまった。伊良部はここで肘と膝の手術を受けた。勝ち星は2シーズンで2勝だけ。ほとんどはマイナーで過ごした。登板前夜に酔っ払い、出場停止処分を受けたこともあった。その後、テキサス・レンジャーズに移籍。リリーフで一瞬輝きを見せたがその後、血栓症を患って入院、彼のメジャーでのキャリアが終わった。

プライベートの諸事情

米国にいる間に、伊良部は自らの出自に関して空白だった部分を埋めることができた。実の父親がヤンキースのキャンプに現れたのだ。映画『フィールド・オブ・ドリームス』のレイ・リオッタのように、息子の前に姿を見せ、伊良部の妻と2人の娘にプレゼントを渡した。彼は伊良部が想像していたジョン・ウェインのような男ではなかった。173センチで細身。アラスカに住み、退役後は公務員として働いていた。だが、父の父（祖父）は体格がよく、セミプロの野球チームでプレーしたことがあり、誕生日も伊良部と全く同じだと知らされ、心から喜んだという。

通訳を介して、父はどのように伊良部の母・和江と出会ったのか説明した。彼は沖縄にGIとして駐留。ある日、通りで男たちに襲われている女性を助けた。それが和江だったこと、付き合いは約1年つづき、彼女は伊良部を身ごもったと話した。帰国が近づいた父は結婚を申し込んだが、和江はこれを拒否。1人で子供を育てることに決めたため父は1人で米国に戻ったという。

父はいつも日本に残してきた妻子を思い、父親として何もしなかったことで罪の意識にさいなまれてきたと告白。「自分にできることがあるなら、どんな方法でもいいから償いたい」と言った。父と子は交流をスタートさせた。父はキャンプ地で1週間を過ごし、その後も数回会ったが、言葉の壁のせいで、それ以上、2人の関係を発展させるのは難しかったという。2人をよく知る人がこう話してくれた。「伊良部の父はとてもいい人だった。あとで伊良部も、その父が好きだったと話してくれた。なぜなら、父は伊良部に金の無心をしない数少ない人間のひとりだったからだ。多くの人が友人の振りをして近づいてきたが、皆金目当てだった。そんな中、実の父親だけが彼らとは違っていたからだ」。

メジャー引退後、日本に戻った伊良部は阪神タイガースでプレーし、少し活躍した。2003年には13勝しタイガースのリーグ優勝にも貢献したが、翌年は結果を出せず引退。妻と2人の娘を連れて南カリフォルニアに移住した。日系米国人のビジネスマンに助けられ、レストランチェーンを運営し、そこそこの成功を収めた。伊良部の周辺にはいろいろな人間がいた。すべて善人というわけではなかったが、ビジネスパートナーは親切で、伊良部も金に関してはかなり注意深かった。ハリウッドでアクション俳優をしないかという誘いもあったが、これは実現しなかった。

最後の日々

伊良部は大の酒好きだった。ナイトクラブに繰り出し、大勢のホステスに囲まれて夜を過ごした。飲むのはロサンゼルス、東京、大阪など。街に出かけると電話で酒、女性、カラオケの予定を入れた。やりすぎることもあった。2008年、大阪のパブで、ビールを20杯飲んだあとクレジットカードでの支払いを断られると、大暴れ。「俺が誰か知っているのか？　世界の伊良部だ。こんな店くらい簡単に買収できる」と脅し、駆けつけた警官に暴行の現行犯で逮捕された。10年5月には、ロサンゼルスで飲酒運転でつかまった。ここで酒を断ち、子供たちに野球の指導をしたが、伊良部にとって余り才能のない子供たちに野球を教えるのは苦痛だったようだ。「時間の無駄だ。俺のように生れつき才能のある人間か、そうでないかだけのこと。練習でうまくなることはない」。

次第に激しい鬱状態になり、友人も減っていった。「朝起きたときに、今日1日何をすればいいのか分からなくなってきた」。日刊スポーツによると、伊良部は深夜、ロサンゼルスから阪神の監督だった星野仙一に電話をかけ号泣。「日本に帰りたい。コーチの仕事がないだろうか」と頼んだという。しかしそれが実現することはなかった。

伊良部の妻は、「子供たちを国際人に育てたい」といってロサンゼルスに残った。家族の中で英語が話せないのは伊良部だけだった。伊良部と京淑が結婚したのは1997年だった。いわゆる見合い結婚。京淑はロッテのある千葉の出身で、日本のパスポートをもつ北朝鮮系だった。彼女の父は千葉でパチンコ店を経営。非常に裕福で千葉銀行と強いつながりがあった。京淑はこの銀行で出納係を担当。千葉銀行はロッテともつながりが深かった。事情通によると、結婚はロッテと千葉銀行がお膳立てした。伊良部がメジャー挑戦をめざし、ロッテ、パドレスともめていた時のことだ。

京淑はまじめで良妻といわれた。伊良部の食生活を気遣い玄米を用意した。しかし、子供の成長に伴って、京淑はよりいい母親でありたいと思うようになり、ロサンゼルスの韓国人や韓国系日本人との付き合いが増えていった。伊良部家の友人が言う。「彼女は夫の面倒をよくみていた。夫のしたいようにさせ、夫が友人と出かけるというときも、かける言葉は『いいわ、お帰りはいつ？』だった」「伊良部が野球を引退したあとも、『新しい仕事はどうするの』などと聞くようなことはなかった。もともと彼女は裕福な家庭に育ち、秀輝のカネは当てにしていなかった。着飾って外出し、人に見せびらかすようなこともしなかった。外出もごく控え目だった」。しかしながら、夫の短気な行動やアルコール漬けの生活には次第に嫌気がさしていた。２０１１年、彼女は子供を連れて家を出た。

ある人は伊良部の人生の危機だと言った。またある人は「それ以上だ」と危惧した。希望が消え、家族がいなくなり、野球もなくなった。友人はどんどん減っていった。

自分がいったい何者であるか、分からないことが精神的な不安定さにつながっているのではないかという人もいたが、伊良部に精神科医にかかるよう勧める人はいなかった。

伊良部の最後のインタビューは２０１１年7月中旬、『週刊新潮』が行った。このとき伊良部は体重が20キロも減っていたが、それが病気のせいなのか、精神的なものなのかは詳しく話さなかった。離婚が近いことも告白し、とても孤独だと言った。

伊良部は複雑な男だった。一緒にいると楽しい男でカラオケ好き。自身の短気な性格を笑い飛ばすこともできた。長年の知人が言う。「スタッフや友人たちをよく夕食に誘い、楽しく過ごせるよう気遣った。『十分食べた？』と聞いたり、別のメニューを見せて『これ、試してみないか』と勧めたりした。全員が満足するまで待っていた。それに比べて野茂は、誰よりも早く食事を終え、他の人が食べ終わったかどうかに関係なく店をあとにした。その意味で秀輝は本当に、本当にナイスガイだった」。

伊良部は背中と肩に竜の刺青を入れ、それが自分に力を与えてくれると信じていた。「竜神」と呼んで、家の中にも陶器や大理石の竜の像を置いて崇《あが》めていた。伊良部が嫌った人物が災難に遭うと、「竜神さまのせいだ」と、友人に話したこともある。

ポスティング制度は「イラブ・システム」

悲しいことにその竜神でさえ伊良部を救えなかった。２０１１年7月27日朝、友人が伊良部の自宅に立ち寄り、そこで悲惨な光景を目にした。車庫にかけたロープで首を吊っていたのだ。死後3日が経過。ひどい臭いだったと、その友人は話した。

代理人であり友人でもあった団野村は伊良部の死が信じられなかった。「伊良部とは1カ月ほど前にロサンゼルスで話した。僕たちは、昔の懐かしく楽しい日々について話し、彼がいかに野球界を変えたかについても話し合った。とても元気そうだった。自殺の理由が見つからない」。

「奥さんは復縁に合意してくれて、夏休みの終わりにもう一度、話をすることになっているると言っていた。金銭トラブルもなかったし、米国のグリーンカードも再申請していた。僕は、彼をコーチとして独立リーグに紹介していたし、講演会の仕事も準備していた」「伊良部が、僕のような人間の話を聞きたい人がいるんだろうか？と聞いたので、もちろんだ、ヤンキースでの経験もあるだろう、と答えた。だから不思議でならない。今でも事故だったのではないかと思う。彼は1人で酒を飲んでいるうちに、自分が何をしているか分からないまま、こんなことになったのではないかとも思っている。そうでなければ、わけが分からない。伊良部はとても緻密で、規律正しく、計画を立てて行動する男だった。もし、本当に自殺するつもりだったなら、彼は家の中を片付け、遺書を残していたはずだ。しかし、彼はそうしなかった」。

いいときの伊良部はどんな投手より優れていた。特に1998年の2、3カ月は本当に素晴らしかった。伊良部が残した最大の遺産は、後進のためにポスティング・システムを残したことだろう。

ジーン・アフターマンが言った。「現役だったときが一番、ヒデキが楽に生きられたときでしょう。マウンドでは自分をコントロールできていた。でも、それ以外は辛いことばかり。ハーフだったこと、父親を知らずに育ったこと、日本プロ野球機構の独裁的な規約に翻弄されたこと、ロッテやパドレスの幹部たちと争ったことなど。最後は野球ができなくなり、一人ぼっち。彼はファイターだったけれど、限界を超えていたのかもしれない」。またこうも言った。「彼は自分の意志を貫くため生き地獄を味わったけれど、決してあきらめなかった。後進たちが活躍できたのは彼のおかげよ」。

団野村は言う。「まだ彼の死が信じられない。彼はマスコミのターゲットだった。それが彼を大きく傷つけたと思う。メディアは彼について批判記事を書くことでたくさん収益をあげたのだから、お返しに何かいいことを書いて欲しい。ポスティング・システムは、伊良部に敬意を表して、『イラブ・システム』と改称すべきだと思う」。

第5章 誰が米国人の日本人観を変えたか

1　ポスティングから殿堂入り

最も数字を残したのがイチロー

イチローはパ・リーグのオリックス・ブルーウェーブで9年間過ごし、首位打者を7回取ったあと、日本人として初めてポスティング制度を利用してメジャー入りし、日本人が投手だけでなく、野手でも成功できることを米国人に示した。

5フィート10インチ、170ポンド（178センチ、77キロ）。多くの人から、メジャーで戦うにはひ弱過ぎると見られた。後にシアトルの監督になったマイク・ハーグローブが、メジャーのオールスターチームとともに来日した時、イチローを見て「メジャーの第4の外野手より良くはならない」と言い切った。

しかしイチローはそうした見方がすべて間違いだったと証明した。2001年、シアトル・マリナーズに入団するとすぐに、米国の最強の選手たちと堂々と渡りあえることを示した。ヒットを右、左、センターに打ち分け、盗塁を決めた。フェンス際で相手打者のホームランをもぎ取るなど信じられないプレーを連発。浅いライトゴロをアウトにした。

強肩で走者を三塁で刺すレーザービームも披露した。2001年4月11日のアスレチックス戦8回1死一塁。ライト前へのヒットを処理したイチローは60メートル先の三塁へノーバウンドで矢のような送球を見せ、一塁走者のテレンス・ロングをアウトにした。実況のアナウンサーは「レーザービームだ」と絶叫。日本から来たひ弱そうな選手が一躍スターとなった瞬間だった。6月にはスポーツ・イラストレーテッド誌の表紙を飾った。

チームはものすごい勢いで勝ち進んだ。ルー・ピネラ監督は「イチローはヒットを打ち、バントし、盗塁する。知らない間に得点してチームに流れを呼び込んでいる。驚異的だ」と唸った。一塁手のジョン・オルルドは「チーム躍進の原動力」。捕手のイバン・ロドリゲスは「イチローは野球界のベストプレーヤーだ」と評した。オールスターのファン投票では337万3000票を獲得した。当時のオールスター記録だった。

米国人は、イチローが古い時代の野球を思い出させてくれたと喜んだ。強打者の特大ホームランが全盛の時代に、人々がすっかり忘れていた20世紀前半のヒット、エンドラン、走塁に象徴される野球を再現した。ワシントン・ポスト紙のトーマス・ボスウェル記者は「イチローのヒットを見ると、ほぼ1世紀前に活躍したロジャーズ・ホーンズビー（カージナルスなど、三冠王2回）やタイ・カッブら偉大な選手の時代を思い出させてくれる」と書いた。間もなくイチローのチームメイトは、ボールを左方向に叩き付けてヒットにするバッティングを真似するようになった。イチローはシアトルのヒーローとなった。

ただ、この町は元々、アジア人に対する差別意識の激しいところとして知られていた。実際、財政破綻したマリナーズを任天堂が買収しようとした時には大きな反対にあい、厳しい制限の下でようやく許可された経緯がある。当時の世論調査によると、米国人の70％は日本企業が米国の球団を買収することに反対した。このため、オーナー山内溥《ひろし》の株保有率は49％に抑えられた。ワシントン大学国際政策研究所のディレクター、ドナルド・ヘルマンはこれを「完全な人種差別」と断じた。しかしイチローの成功で町全体の見方が一変した。シアトル在住のジャーナリスト丹羽政善は「イチローが来てから、我々は少し胸を張って歩けるようになった。シアトルの人たちが我々日本人を尊敬の目で見るようになったのです」と話した。同じワシントン大の英文科教授ショーン・ウォングは言った。「私はシアトルの町の文化と社会が、違う人種の存在で変化し、しかもその変化を喜んで取り入れ、奨励するようになったことに気づいた。今のMLBを見て欲しい。まるで国際的な宣教師のように、日本や世界でMLBの製品を売っている。イチローのような選手に感謝しなければならない」。

このイチローの活躍で日本中が誇りを取り戻し、バブル崩壊後の疲弊すら、しばし忘れさせた。当時の首相は「イチローのおかげで日本人であることを誇りに思うようになった」と言った。日本時代は巨人に隠れてテレビに映らなかったイチローのプレーが毎日NHKの衛星放送で流れ、逆に巨人の視聴率が10%を割ったのは皮肉だった。

2001年、イチローは打率.350で首位打者を獲得。新人として新記録の242安打を放ち、チームの年間116勝に貢献。新人王とMVPを同時受賞した。盗塁もリーグ一だった。

だが、イチローの活躍は始まったばかりだった。3年後の2004年、イチローはジョージ・シスラーが持っていた年間最多安打記録(257本)を84年ぶりに破って262本を記録した。イチローは258本目を放った直後、「僕の野球人生で最も素晴らしい瞬間」と言った。米国の選手が日本のプロ野球でどれほどタイトルを取ろうが、日本記録を破ろうが、米国では見向きもされなかったことを考えると何というコントラストだったか。

この年、イチローの打率は.372を記録。自己最高記録で、これがイチローのメジャーでの最後の首位打者となった。イチローは10年連続で200安打以上を達成した。メジャー史上最も長い記録だ。ほぼ毎日打席に立ち、年間500打数以上で200安打以上を

10年。それがいかにすごいことか、言うまでもない。

イチローはこのあとヤンキース、マーリンズを経て再びマリナーズに戻った。その間、メジャー3000安打を達成。日米通算安打は4300を超えた。日本人初の野球殿堂入りは間違いなし。加えて10年連続でゴールドグラブに輝いている。

異様な練習

イチローの試合前の練習は念入りなストレッチから始まり、ランニング、打撃練習と続く。このルーツは毎日5、6時間の練習を年365日続けた高校時代にあるが、米国の選手には「やり過ぎ」と映った。野球はタイミングと素早さのゲームと考える彼らにとってイチローのような試合前の練習は「必要ない」と思えたのだ。マリナーズ時代の同僚だったブレット・ブーンは「見てるだけで疲れた」と言ったものだ。

しかし、マーリンズ時代のイチローをマイアミで見たクロマティはこう感想を語っている。「ビジターのチームは比較的早く球場入りするが、イチローの練習を見て皆、信じられないといった表情をしていた。試合前にあんなにハードな練習をする選手を見たことがないからだ。当時、イチローは42歳。私自身、日本人は練習のしすぎだと思っているが、もしメジャーの選手がイチローの練習を真似すれば、もっと高いレベルのプレーができるのではないか。ＭＬＢの選手は基本に関していい加減すぎる。イチローは米国人に準備と真摯な姿勢がどれほど価値のあるものか自ら示してくれた」

イチロー自身もこう語ったことがある。「米国の練習を見ていると、本当に試合ができるのか心配になってくる。シーズン中に多くのエラーを見てきたが、いつも『春のキャンプで練習していさえすれば』と思うものばかりだった」。

チームメイトはイチローの神道にも似た道具へのこだわりにも強烈な感銘を受けた。イチローは毎試合終了後、かつて父に教わった通りに、グラブを丁寧に手入れし、靴を磨いた。バットは湿度を管理する特殊な箱に入れた。「うちのチームメイトがどうして道具をきちんと扱わないのか、理解できない。彼らはグラブをダグアウトの壁に投げる。自分の道具がいい状態にないのに、どうしていいプレーができるのか。グラブを磨くのは心を清めること。それは24時間の中の一部。食べて寝ること、試合前の練習を正しく行うこと、すべては相互に絡み合っているのです」。

「継続は力なり」はイチローのモットーだ。イチローは7歳から父親に厳しい練習を課せられた。キャッチボールに始まり、打撃、投球練習と続け、夕方からはバッティングセンターに行ってヘトヘトになるまで打ち込んだ。時折息子は反発したが、それには父の体罰が待っていた。あるとき、息子は友達と遊びたいので練習を早めに切り上げたいと言い、父親に止められると、ふてくされて運動場の真ん中に座り込み、テコでも動かなくなった。怒った父は息子に立て続けにボールを投げつけた。しかし息子は鋭い反射神経で、右に左に数センチずつ体をかわし、ボールはむなしく空を切った。鼻をめがけて飛んで来たボールに対しては、まるで名古屋のタクシーの「空車」フラッグが自動的に上がるように、手を上げてボールをつかんだ。父・宣之《のぶゆき》は後に本にこう書いた。「時折、私は息子に非常に腹が立った。同時に、何か特別なものをもっている、自然な才能に恵まれていると感じた」。こうした交流を通じて、父は息子に努力、根性、忍耐、調和を教え込んだ。イチローが高校に入ると父は毎日スタンドから観戦しコーチにこう言った。「一朗がどんなによくても、決して褒めないでください。彼を精神的に強くしなければならないからです」。イチローはタイヤを引っ張り、重たいシャベルで揺れるボールを叩いた。おかげで手首と臀部《でんぶ》が強化され、細い体でありながらパワーと持続力がついた。

キャリアのピークから下降まで

1991年11月、18歳の鈴木一朗はドラフト4巡目でオリックスに入団。最初の2年は、独特の振り子打法を土井正三《どいしょうぞう》監督に嫌われ、二軍暮らしが続いたが、監督が仰木彬に替わったあとの94年、スタメン起用された。するとシーズン新記録の210安打を記録。200安打を超す史上初めてのプロ野球選手となった（この記録は後にマット・マートンと秋山翔吾に破られた）。打率・385はパ・リーグ新記録だった。

その年の公式戦開幕直前の4月7日には、公式登録名が本名の「鈴木一朗」から「イチロー」に変更された。球場の外ではだぶだぶのジーンズにTシャツ。帽子を後ろかぶりし、ウォークマンからはラップ・ミュージックが鳴り響いた。試合前の練習ではフライを背面キャッチしてファンを喜ばせた。

翌1995年1月17日に発生した阪神淡路大震災で本拠地の神戸に甚大な被害が出ると、イチローは復興のシンボルともなった。この年、首位打者（・342）、打点王（80）、最多安打（179）、最高出塁率（・432）、盗塁王（49）を獲得。本塁打は25本だがリーグ3位タイ。MVP（2年連続）をはじめ、ベストナイン、ゴールデングラブ賞受賞。96年には3年連続でMVPを獲得した。チームは95年にリーグ優勝、96年には巨人を破って日本一に輝いた。

ニューズウィーク国際版はイチローを表紙で扱い、「彼はホットでヒップ（格好いい）。日本の新しい顔だ」と絶賛した。その年、イチローはメジャーのオールスターチーム（野茂も投げた）と対戦。メジャーへの憧れを強くしていった。日本では9年間で1278安打を記録、通算打率は.353でゴールデングラブ賞は首位打者と同じく7回受賞している。メジャー挑戦に十分な準備ができていた。

FA資格が得られる前年の2000年、オリックスはポスティング・システムを使ってイチローの渡米を容認し、イチローはシアトル・マリナーズと1400万ドルで3年契約を結んだ。元宝塚スターや女優たちとの交際が報じられたあと、イチローはTBSのレポーターだった7歳年上の福島弓子と結婚していた。彼女は英語が堪能でイチローの海外生活を大いに助けた。報道によるとイチローにヒゲを伸ばすように勧めたのは弓子夫人。「ブラッド・ピットに似ている」と説得したという。街中でロックスターのようにサングラスをかけるよう勧めたのも弓子夫人だそうだ。

米国に渡ってからのイチローは日本時代とは違う打撃スタイルに変えた。日本では片足を高くあげ、相手投手のワインドアップの際、右足を揺らしていたが、それを封印した。メジャーの速い球に対応するためだった。日本ではライナー性の打球で首位打者を獲得してきたが、米国ではゴロでヒットを稼ぐようになった。これはルー・ピネラ監督の「君は本当に足が速い。それを無駄にするな。ゴロを打て。それを内野安打にしろ」というアドバイスによるものだった。打席から一歩踏み出す素早さは並外れており、観客には打つ前にすでに走り出しているように見えた。こうして日本時代より内野安打が飛躍的に増えた。相手チームはこれに対応するため特別な守備体制を敷いたが、逆にこれで守備の「穴」が大きくなり、イチローはそこを狙って外野にもヒットを飛ばした。

新しいイチローのおかげで日本は2006年と09年のWBCで優勝した。日本野球のイメージが一段と高まった瞬間だった。ただイチローは09年のWBCで必死のあまり神経をすり減らして胃潰瘍《かいよう》になり、シーズン開幕から8試合を欠場してしまった。シアトルのチームドクター、ミッチ・ストーリーから「もしこのまま休まなければ死んでしまうぞ」と脅されてのことだった。

オールスターでスラングと禁止用語満載のスピーチをして伝説を作ったイチローだが、自身の成績に固執する余りチームプレーを忘れている、と仲間うちで不評を買うようになった。犠牲バントや四球が望ましい展開でもヒットを狙いに行く。クラブハウスではとてもよそよそしく、移動もチームに帯同せず個人用のジェット機に乗った。マリナーズの支援者にサインしてあげて欲しいという球団幹部のリクエストもしばしば拒否。東京ドームで行われたMVPの受賞式も欠席し、MLBの幹部を激怒させた。

2011年には、チームメイトの1人がついにイチローにパンチを見舞ってやると息巻いた。坊主頭でチームの人気者だったジェイ・ビューナー外野手は、イチローの1700万ドルという年俸は高すぎるし、甘やかされていると批判。「イチローはチームを去る時だ」と言い放った。

2012年シーズン途中にヤンキースにトレード。イチローはここでも不人気だった。服装は「奇抜」。チームに溶け込んでいないともいわれた。その年、ヤンキースでの打率は.322だったが、続く2年は下降線をたどり、13年は打率.262、14年は.284に終わった。年齢の壁が、じわじわと忍び寄ってきたのだ。マリナーズ時代から10年連続して続いていた3割、200安打以上のシーズンは2010年で終わっていた。当時のジョー・ジラルディ監督はイチローの移籍を「ここ数年で最悪のトレードだった」と断じた。チームメイトはイチローの異様なファッションに困惑。イチローのセクシュアリティに関してジョークを言い合っていた。

それでも記録ラッシュ

２０１４年シーズン終了後、ヤンキースはイチローを放出した。このあとマイアミ・マーリンズと契約したが、全30球団中、イチローにオファーを出したのは唯一この球団だけだった。イチローは3年間マイアミでプレーした。若手が多いこのチームではレジェンドの扱いも受け、いくつかの記録も作った。２０１６年8月にはメジャー通算３０００安打を達成。17年6月25日には43歳と２４６日でスタメン出場し、盗塁王リッキー・ヘンダーソンの史上最年長記録を更新。9月7日には代打出場が95回を超え、代打出場記録を更新。6月15日には、日米通算４２５７安打を記録してピート・ローズを抜いた。この時のローズのコメントは「イチローの偉業をけなすつもりはさらさらない。彼は殿堂入りにふさわしい成績を残した。ただ君たちは彼の高校時代のヒットまでカウントしている」だった。日本のメデ

ロッキーズ戦で大リーグ通算3000安打を放つイチロー。2016年8月7日（朝日新聞社）

ィアがイチローの日米通算安打こそ世界一の記録と称賛したことに反論したもので、「もし彼の日本時代のヒットを合わせるなら、私のマイナー時代のヒットもカウントすべきだ」と主張した。

サンフランシスコ・クロニクル紙の著名なスポーツライター、ブルース・ジェンキンスがこんな文章を書いた。「両リーグを通じ、イチローのような選手は誰一人いない。今も、これからも。彼は自分自身の世界に生き、他人には100％馴染みのないゲームをしている。スラップ・ヒッターは数多くいるが、自分の能力を芸術の域に高めようとする者は極めて少ない。驚くほどの力を備えたイチローは試合前の打撃練習で特大の当たりを見せつけ、時折、試合でもそのパワーを披露する。その気ならいつでも可能にみえるが、彼はひたすらヒットの世界に生きている。とても小さなヒットというカテゴリーで頂点に立とうとしているのだ」。

50歳まで現役でプレーしたい、野球以外にしたいことはない、とイチローは繰り返し言っていた。2017年、マーリンズは彼を解雇した。それでもイチローは冬の間、体を鍛えて他球団から声がかかるのを待った。故障者が相次いだ古巣マリナーズが最後にイチローに声をかけた。しかし18年シーズン開始後15試合でイチローは44打数9安打、打率・2

05。ロスター（出場者登録名簿）から外れた。

単独インタビューの一コマ

マリナーズ時代のイチローはごくごく単純な質問にさえ答えようとしないことがあり、リポーターたちは、高慢だと不満を募らせるようになった。私が初めてシアトルに行ったときもイチローはロッカーで記者に背を向けて座っていた。試合後は記者に背を向け、足をマッサージしながら、通訳を介し、面倒くさそうに短く答えるのが常だった。「その質問は曖昧過ぎて答えられない」は、彼がしばしば口にする答えだった。

私はイチローと2、3度会ったことがある。2002年には米タイム誌の取材で長いインタビューを試みた。私にとって記憶に残るインタビューで、ホテルニューオータニ最上階のスイートルームで行われた。場所はイチローの代理人のリクエストによるものだった。

イチローはダークスーツにネクタイという出立ちで指定の時間に現れた。どこからやって来たのかは秘密で、側近たちが周囲を固めていた。メジャー2年目を非常にいい成績で終え、街を歩けばもみくちゃになる有名人だったから、何より「秘密」が優先だった。

本当にイチローは有名になっていた。イチローの試合は毎日テレビ放映され、街のジャンボトロンでその勇姿を見ることができた。これはエルビス・プレスリー並のインタビューだ……。私は内心そう思った。

驚いたことにこのインタビューでイチローは非常に協力的だった。ウィットに富み、正直に話してくれた。とてもよくしゃべった。

会話の中でイチローは子供の頃、父から「虐待」を受けたと訴えた。以下がその時の引用だ。インタビューはすべて日本語。唯一の例外は彼が英語で叫んだ部分だった。

ホワイティング　お父さんはあなたを野球選手にするために、小学校の頃からトレーニングを始め、放課後、名古屋の公園で何時間も練習させたあと、夜は空港のバッティングセンターで250回もスイングさせたそうですね。その間お父さんは厳しく目を光らせていたそうですが、練習をしたくないと思った瞬間はありませんでしたか?

イチロー　時々、それは本当に厳しかった。しごきに近く、とても大変だった。

ホワイティング　お父さんの本（『溺愛——我が子イチロー』1996年）を読みました。それによると、あなたの物語は、人気漫画『巨人の星』に象徴される幼い頃からの猛特訓とは違っていた、と書いていています。しかしあなたの話を聞くとやはり、『巨人の星』に似ているような気がする。お父さんは『スパルタ』ではなく、練習は楽しむもので、父子は一緒に楽しい時間を過ごしたと記しています。

イチロー　（とっさに）He is a liar!（その瞬間、全員が笑った）すべてスイートで軽いものだったと言っているが、そんなことはなかった。ほぼ『巨人の星』だった。

翌朝、イチローの代理人から「しごき同然」と「嘘つき（liar）」を削除するよう電話が入った。タイム誌の日本版にそれが載るとイチローの父の感情を害する恐れがあるからだという。ミニバトルの末、タイム誌は「嘘つき」を削除することに同意した。

彼が唯一、英語で表現した部分であり、ネイティブ・スピーカーではないイチローが自分で何を言っているのか理解しないままに口を衝《つ》いて出た可能性がある、というものだった。しかしイチローが本気だったのは私の目には疑いもない事実だった。

イチローは２００４年から父と口をきいていない。イチローをスターに育てた父・宣之はそれまでイチローの財産を管理していたが、申告漏れを指摘されるなどのトラブルがあり、関係が悪化。結果的に弓子夫人がイチロー家の財産管理を引き継いだ。

〝強迫観念〟のゆくえ

私の友人で米国の気鋭の作家、ライト・トンプソンは２０１８年冬、米ＥＳＰＮの取材で来日した。マーリンズを解雇され、メジャーからのオファーを待ちながら六甲山の野球場で練習していたイチローを取材し、彼の素顔を米国に紹介するのが目的だった。

イチローは神戸のホテルオークラに１人で宿泊。一日の練習を終えるとホテルに直行し１人で食事をとっていた、とトンプソン。日本には10日間滞在したが、イチローとのインタビューはついに実現しなかった。警備員がホテルやレストランに近づくことを許してくれなかった。それでも父・宣之のインタビューには成功。イチローがマリナーズと契約したあとの18年4月、トンプソンの記事が発表された。タイトルは「When Winter Never Ends（終わらない冬）」。だが、トンプソンが記事の中で割いたイチローの特異な性癖や行動に関する記述の多さを考えると「Compulsion（強迫観念）」の方がふさわしかったかもしれない。

たとえば２０１７年シーズン終了後の10月、マーリンズのディー・ゴードン内野手（18年からマリナーズ）が私物を取りにクラブハウスに来てみると、ケージで打球音がし、イチローが、いつも通りスイングをしていたという。ゴードンは笑いながらこう言った。「彼にはプレーを続けて欲しい。死んでほしくないからだ。プレーできなくなったら彼は死ぬのではないかと心配だ。もし彼が野球をやめたら、いったい何をするのだろう」

シアトル時代にイチローと仲のよかったマイク・スイーニー元一塁手は、「信じられないだろうが……」とこんな話をトンプソンにした。「ある日、旧友（イチロー）からニューヨークで休暇がとれたのでセントラルパークで会いたいと電話を受けた。そんな静かな所で会うとはと思いながら妻を伴って公園内に入ると、遠くで男が1人、ボールを投げている。古びたバックネットのある空き地で、おそらく1940年代から使われていない場所だ。急いで目算したところ距離は90メートル。男は投げるたびにバックネットに近づきショットガンのようなボールを投げ続けた。非常に正確で力強い投球だった。私は感心してさらに近づいた。なんとそれは他ならぬイチローだった」

トンプソンがゴードンから聞いた別の話。「イチローは自分のロッカーの床もコロコロクリーナーで拭く。グローブもきれいに磨き、ダグアウトにウェットティッシュを持ち込み、フィールドに出る前にもう一度これで拭くんだ」。ヤンキースのクラブハウスの責任者は2012年にイチローが移籍してきた時のエピソードをこう明かした。「彼が深刻な顔で私の所に来て、『誰かが僕のロッカーを触った』と言うので宝石か時計か何か、貴重品がなくなったのかと心配してロッカーに行くと、イチローはバットを指して『20センチ位置がずらされている』という」。責任者は、クラブハウスの担当者が、きれいにしたユニホームやスパイクをロッカーに戻す際、バットに当たったのだと説明したが、「イチローは『起きてはならないことだ』と」。笑顔になってはいたが目は真剣だったという。その日以降、クラブハウスの担当者はイチローのロッカーにだけは手を触れず、到着を待って、その日、イチローが必要とするものだけを手渡したという。

私はトンプソンに2月はじめの寒い夜に会い、有楽町の居酒屋でしこたま飲んで酔っ払った（翌朝は二日酔いだった）。彼は神戸に移動。イチローの宿泊していたホテルに泊まり、イチローを観察し続けた。六甲山の野球場で練習し、夜はレストランで食事という毎日に辛抱強くつきあった。再三単独インタビューを申し入れたが、答えはいつもNOだった。「ソーリー、ノーサンクス、今はリポーターと話せない。タイミングがよくない」。

トンプソンは粘り強い男だ。背が高く、がっしりした体。ヒゲをはやし元気がいい。今世紀初めには特派員としてイラクに行ったこともある。「私はプッシー（ひ弱な子猫）ではない」。トンプソンはこのあと名古屋に移動しイチローの父を尋ねた。「その父が私の目の前で泣き始めた。まだ小学生で何の問題もなかった頃の夢を最近、繰り返し見るのだという。

当時は本当に仲がよかった、と父は泣いていた」。

これらの取材でトンプソンは考えをまとめ、米国に戻った。「イチローには人生がない。楽しむことができていない。子供の頃に受けた仕打ちの仕返しに、父親が腹を立てることばかりをしようとしている。イチローは悲しく孤独に見えた」。

キャリア最後の瞬間へ

イチローがシアトルに戻れたのはマリナーズの外野陣に故障者が相次いだためだが、長くは続かなかった。それはある意味、予想通りだった。こうした再会劇は徒労に終わることが多い。たとえば、マリナーズは２００９年にケン・グリフィ・ジュニアをシアトルに戻し、素晴らしいアイデアだといわれた。当時41歳。６００本塁打を超え、殿堂入りを確実視されていた男の帰還はチームを活気づけると見られた。確かにすべてがダメだったわけではない。１１７試合で19本塁打した。しかし、打率は惨めというしかない.２１４。試合中にクラブハウスで居眠りをしたというエピソードだけが語り継がれた。

イチローはキャリア最後の瞬間に近づきつつある。すでにかつての天才打者ではない。彼が最後にオールスターに出たのは２０１０年。ＯＰＳ（出塁率と長打率を合わせた数字）が

・750を越えたのもこの年が最後だった。イチローが外野手として週に4、5回守備につくなど想像もできなくなった（スコット・サーバイス監督は可能だと言ったが）。

オリックス時代、イチロー専属の打撃投手として有名になった奥村幸司はトンプソンにこう言った。「イチローはここ数年でスイングを変えてきた。腰を開き、投手から早めに胸が見えるようになった。イチローの視力は衰えている。生き残りのため調節しようとしている。選手生命が終わりに近づいていることを知っているのです」。

2018年5月3日、マリナーズは44歳のイチローをロスターから外し、「会長付特別補佐」とした。イチローは翌日、テレビカメラの前でチームメイトと打撃練習を行い、笑い、ジョークを飛ばした。これ以上の幸せはないといった雰囲気を醸し出したが、それが単なるショーだったことは明らかだ。

イチローは少なくとも50歳までは現役でいたいと言い続けたが、もはやかなわなくなった。野球ができないなら自殺すると言ったこともある。果たしてどうなるのか。それでも、メジャーの外国人選手として最多の3089安打を放ったこと、日本人初の殿堂入りを確実にしたことでは、自身を慰めることができるかもしれない。

2 〝日本的〟な日本人選手

日本のヒーロー

松井秀喜は海を渡った野球選手の中で最も「日本的」な感性を持っていた。野茂やイチローより幅広く日本社会を反映していたと言える。野茂もイチローも素晴らしい偉業を達成したが、日本ではややもすると周囲から隔絶した。誤解を受ける不幸もあった。

野茂とイチローは米国でも尊敬されたが、松井は米国人に心から愛され、米国でプレーした中で最も人気のある選手だった。彼はヤンキース史上初めて担当記者を夕食に招いた（その時のプレゼントについては後述）。サインや取材の申し込みを決して拒否しない特別な選手で、高校新聞の取材にすら快く応じた。彼が高く評価された所以だ。米ピープル誌の「地球上で最も愛すべき23人」に選ばれたのもそうした理由からだ。今も住むニューヨークでは大変な人気で、ヤンキースのアドバイザーを務めている。

松井のメジャーへの挑戦は、ある意味で野茂やイチローより勇気が必要だったかもしれない。1992年に巨人に入団後10年間活躍。セ・リーグMVPが3回、4度の日本シリーズ進出に貢献、3度日本一に輝いた。オールスター選出は9年連続。本塁打王（最終の02年には50本）と打点王も3回ずつ達成した。巨大なパワーをもつ渡辺恒雄オーナーから、FA資格ができても巨人軍に残るよう言われたにもかかわらず、それを拒否しての渡米だった。渡辺はオリックスがイチローをポスティングにかけたとき、「日本を売っている」と糾弾し、MLBの行為をペリーの「黒船」に譬えた。中曽根康弘元首相に「スポーツ界はもっと愛国心をもつように」と言わせたのも渡辺だった。

松井への「日本にとどまれ」というプレッシャーは大きかった。松井の両親には巨人幹部から協力を求める手紙が届いた。巨人で松井の〝親〟となった長嶋は、日本を出ないよう要請するオプエド（著名人が新聞に署名入りで意見を出すこと）を朝日新聞に書いた。

しかし松井は、2001年にイチローがメジャーでMVPに輝き、日本中で騒がれたことで強烈な闘争心をかきたてられていた。もしここで何もしなければ、根性なしといわれてしまう。まさにジレンマ。どちらを選んでも批判を受ける。ならば、と最後に松井自身の闘争心をかきたてる方向に舵を切った。

メジャー挑戦の表明は2002年シーズン後だった。「これまで自分のわがままにふたをして考えないようにしてきましたが、最後まで夢というか、向こうに行きたいという気持ちが消えませんでした」と語り、「何を言っても裏切り者と言われるかもしれない」と付け加えた。史上最高額での5年契約（50億円）提案を蹴っての決断だった。

重要だったのは、人々の考え方がすでに変わっていたことだ。野茂以前の時代なら、90％以上の日本人が松井の渡米に否定的だっただろう。しかし、野茂とイチローの成功で、振り子は逆に振れていた。90％が松井のメジャー挑戦にGOサインを出したのだ。松井はヤンキースと3年契約（2100万ドル。当時26億2500万円）を結んだ。

人気を高めた性格

188センチという体と特大のホームランから高校時代にすでにゴジラと呼ばれていた松井は、決して自分を見失わない性格の強さも示していた。1992年の甲子園で前代未聞の5打席連続敬遠にも感情を爆発させることはなかった。「素晴らしい男だ、武士道精神に忠実なサムライだ」「松井の態度をぜひ見習って欲しい」と高野連関係者が言った。

巨人時代はイチローより遥かに人気者だった。松井がイチローよりずっと多くの本塁打を打っていたのもさることながら、当時の巨人の試合は毎日放送され、一方、オリックスの試合が放送されることはほとんどなかったからだ。それでも松井は常に目立たないよう心がけていた。年俸で争ったことはなかった。常に巨人の提示した額で折り合った。イチローのようにロックスター風の派手なサングラスをかけたり、ヒップホップの服装をしたりもしなかった。派手で若者らしい不遜な態度は松井のスタイルではなかった。チームの寮に住み、最初の数年はデートもせず、野球に集中した。

松井は14歳の時に、バットを放り投げてコーチに殴られたあと、人を傷つける行為は二度としないと父親に誓ったエピソードをよく話した。松井はその誓いをずっと守った。そうした行為の積み重ねで人々は松井の「僕はごく普通の人間です」という言葉を信じるようになった。松井は警備員や保守の人たちとのおしゃべりが好きだった。アダルトビデオの交換も大好きだった。ある日本人ジャーナリストがこう言った。「松井は気取ることがない。我々は皆、大なり小なりいやらしいところがある。松井はそれを隠そうとしない。とても新鮮な態度で、ファンが多い理由でもある」。

彼は野球選手より記者と一緒にいることを好んだ。記者といる方がより興味深いと感じたからだ。このとき巨人のチームメイトだった清原和博は珍しく否定的なトーンで、「松井は（ポルノの交換も含め）いつもリポーターたちにこびへつらっている。だから皆彼の悪口を書かないんだ」と言った。

松井はヤンキースで苦労する、と予測する人は少なくなかった。松井が「あまりに〝いい人〟だから」というのがその理由だった。当時フィラデルフィアに本拠を置いていた人事コンサルティング会社「ヘイ・グループ」の邦人幹部は言った。「松井は日本人的過ぎる。イチローや野茂は独立している。独立心が旺盛すぎるといってもいい。しかし米国で成功するには自身の日本的要素を取り除かないといけない。松井は控え目で、遠慮があり、人に親切すぎる。ハードなことになる。彼が〝日本人らしさ〟を減らさない限り」。

フロリダ州タンパの春のキャンプでは150人の日本人リポーターが松井についた。あまりのリポーターの多さにヤンキースはロッカールームへの立ち入りを制限。日本人メディアを3つのグループに分け、ルーブル美術館でモナリザを鑑賞する人々に対するような扱いをした。これにニューヨークの記者も加わり、レジェンズフィールドはサーカスのような騒ぎになった。松井は延々と続くインタビューに我慢強く応じた。同じような陳腐な質問にも丁寧に答え、礼儀正しい対応を続けた。

私は2003年にタンパのレジェンズフィールドで松井にインタビューした。それまでに会った日本人選手の中でも最も友好的で親しみがもてた。彼はどんな質問にも答えた。温かい3月の朝、私は松井と1対1で向かい合い、文化の違いや米国の練習法などを質問したあと、衝動的に尋ねた。「あなたが1万本のアダルトビデオを持っているという日刊ゲンダイの記事は本当ですか」。

「いえ、そんなには持っていません」。質問に感情を害したという様子は全くなかった。そして事もなげにこう言った。「結構持ってはいます、数百かな。でも皆そうでしょう？ 日本の記者たちといつも交換してますよ」。右翼方向を指さし、日本人記者が我々の方にやってくるのを確認すると、「そうだよね。お前も俺のAVが好きだよね」と叫んだ。記者はそそくさと逃げ去った。

ある晩、松井はニューヨークのヤンキース担当記者を豪華なレストランに招待し、教科書で学んだばかりの英語を少しばかり話し、通訳を介してオフレコの会話を楽しんだ。その気遣いに記者たちはすっかり魅了されていた。ヤンキース史上、初のこと。プレゼントがアダルトビデオだったのも初だった。

開幕から2、3カ月、松井は打撃不振に陥った。高給取りの新人がうまく行かない時、ニューヨークのプレスは残酷なまでの攻撃を加えるのが常だが、松井に関しては驚くほど静かだった。私は例のプレゼントに何か関連があると睨《にら》んだ。

ニューヨークのヒーローに

2003年の開幕当初、打てなかった松井は恩師・長嶋茂雄に国際電話をかけ、助言を求めた。「剛速球を投げる投手はここでは1人や2人ではありません。皆、投げられる。日本と違ってカウント2－2からストライクで勝負してきます」。松井は巨人の新人時代、長嶋家の地下室で毎朝スイングを繰り返し、巨人の主砲に育っていった。

松井は受話器を置いてスイングを始めた。それを8000マイル（1万2900キロ）離れた田園調布で長嶋が聞き、正しい音が出ているか確認した。「スイングの時のバットの最後の音に全神経を集中させなさい」と長嶋。「シューッ（whish）はよくない音。シューーッ（whoosha）ならOK」。素人にはうかがい知れない世界がそこにあった。

4月29日から5月1日まで、ヤンキースはイチローのマリナーズをヤンキー・スタジアムに迎えた。ニューヨークと日本のメディアは松井－イチロー対決を派手な見出しで煽《あお》った。球場にはNHKの解説で長嶋が来ていたが観衆は気がつかない様子だった。私はイチローと松井の試合前の握手を目撃した――メジャー史上最も短いものだった。

イチローはこの対決に興味がなさそうだった。日本のプロ野球では自分の方が松井より遥かに優秀だったのに、巨人に所属する松井の方が注目を浴びていたことに憤りを感じて

ヤンキース入団後、オープン戦の5回、2死1・2塁から本塁打を放つ松井。2003年3月3日（朝日新聞社）

いたようだ。ダグアウトから出てきたイチローはグラブを外すことなく松井と握手を交わすと、逃げるように外野に去っていった（29日、ヤンキースはマリナーズに完封負けを喫し、松井は試合の帰趨に関係のないヒットを１本打っただけだった）。

５月に松井は人々から忘れ去られる寸前まで調子を落としたが、何とか回復。シーズン終了時には16本塁打、１０６打点をマーク。（マーリンズとの）ワールドシリーズで日本人初となる本塁打を放った。翌04年は31本塁打、打率・２９８、１０８打点。05年は打率・３０５、１１６打点。ヤンキースのトーリ監督は言った。「走者が塁上にいるとき、打席に立って欲しいと願う選手は松井をおいて他にいない」。

松井はニューヨークでヒーローになった。日本では誰もがその試合をＮＨＫで見た。当時私は鎌倉に住んでいたが、お隣の80代の女性が松井のファンになっていた。それまで一度も私と野球の話をしたことのない人だったが、ある日バス停で彼女はこう話しかけてきた。「ヒデキの打順は5番がいい。トーリ監督はポサダを6番に下げるべきです」。彼女はヤンキースの打順を完璧に覚えていた。

松井は何を遺したか

２００６年5月、松井は本拠地ヤンキー・スタジアムで行われたレッドソックス戦で浅めのフライに飛び込んだ際、グラブが芝生にひっかかり左手首を骨折した。すると松井はシーズン途中の欠場と、ファンや味方選手を失望させたことを公の席で謝罪した。ヤンキースの選手がこうしたことで謝罪したのは恐らくこれが初めて。全米が驚き、感銘を受けた。ロサンゼルス・タイムズ紙のコラムニスト、トム・プレートはこう書いた。「皆からチヤホヤされ、年俸ばかりが過剰に高く、代理人に守られた不快なスーパースターたちがあふれる時代に、日本から来た松井が人間として、選手として素晴らしい品格をみせてくれた。松井の『アイムソーリー』は、新しい自由の鐘のように米国中に響き渡った」。

松井は記憶に残る数多くの偉業を達成した。２００６年に松井がヤンキースと交わした

6年契約（5200万ドル）は当時の日本人選手としてはイチローを抜き最高額。09年7月、松井はMLBの「月間クラッチ・パフォーマー（チャンスに強い選手）」に選ばれた。9月までに26本塁打を放ち、ヤンキースのDHとして最多本塁打を記録した。フィリーズとのワールドシリーズでは打率・615（13打数8安打）、3本塁打、8打点と大暴れ。ワールドシリーズ史上最多タイの打点を叩き出し、MVPに輝いた。ワールドシリーズで打率5割を超えたのはベーブ・ルース、ルー・ゲーリッグ以来3人目だった。

世界で最も偉大なスポーツであると米国で思われている野球の、その頂点であるワールドシリーズを、世界一の都市で制した。松井の活躍は日本人選手と日本人の評判を全く新しいレベルに引き上げた。ニューヨークでの優勝パレードで松井は米国人選手やラテン系選手に負けない大声援を浴びた。米国メディアによる称賛が続いた。ニューヨーク・タイムズ紙は「松井のパフォーマンスはかつてのどの同胞よりも、日本野球を米国の野球地図の上で強固なものにした」。同紙はさらに江川卓の次のコメントを引用した。「これで世界は日本人選手がいい選手であるだけでなく、パワーヒッターであることも知った」。ウォールストリート・ジャーナル紙はさらに重要な指摘をした。「松井は日本人選手がチームにとってかけがえのない中心選手になれることを証明した」。これは同紙のコラムニスト、トム・プレートのコメントだ。

凱旋パレードで松井は、この1世紀半に日本の政治家や著名人が味わったことのなかった称賛をニューヨーカーから受けた。彼らは「MVP、MVP」と連呼。「松井をニューヨークに呼び戻せ」と叫んだ。松井の国籍について考える人もいなかった。この瞬間、松井はニューヨークで最も愛された人間だった。日米間の敷居が取り払われ、日本と米国に新しい、平等な関係が生まれた瞬間でもあった。

当時、アジア開発銀行の米国大使で日米の野球に精通していたロバート・M・オアーはこう言った。「松井は人々を平等にすることのできる人間だ。彼が成し遂げたことを過小評価してはならない。リーダーたちが常日頃なしとげたいと思っていながらできないことを、松井はしてみせたのだ」。

松井はエンゼルス、アスレチックス、レイズと渡り歩いたあと2012年に現役を引退した。ニューヨークにとどまり、日本人女性と結婚し、子供を授かった。マンハッタンのアッパー・ウエストサイドのアパート暮らしを楽しんでいる。コネチカット州にも家をもつ。渡辺恒雄主筆からの再三の監督就任要請にはまだ応えていない。13年には長嶋茂雄とともに国民栄誉賞を受賞した。ヤンキースは松井をマイナーの巡回コーチとして雇った。

将来、ＭＬＢのコーチあるいは監督になるという話もある。18年、松井はプロ野球の殿堂入りを果たした。このとき43歳。野茂英雄の最年少記録を更新した。

野茂に始まり、イチロー、松井らの活躍を経て、米国人の日本人に対するステレオタイプなイメージは変わった。朝日新聞はこう書いた。「日本人は米国で、車や電化製品を売りまくる顔のない民族と思われていたが、日本人選手の素晴らしいプレーとポジティブな性格のおかげで米国人の日本観が変わってきた」。

投手以外で松井のあとに日本からメジャーデビューした選手は10人いた。大谷をＤＨとしてカウントすれば11人目になる。

２０１９年シーズンに打者としてメジャーでプレーできるのは、すでに大谷だけだ。

終章　一高からオータニまで

日本的野球スピリットの根源

いわゆる「サムライ・ベースボール」のルーツは1890年代にさかのぼる。一高（旧制第一高等学校）の学生はほとんどが士族の出身で、彼らは野球に武士道精神を取り込んだ。猛練習や自己犠牲、精神の鍛錬などだ。選手は一年中、練習に励んだ。授業前と放課後。雨、雪、真夏の暑さも、ものともしなかった。米国の大学やプロと違う点だ。

一高の主将、青井鉞男《えつお》は毎晩の「1000本素振り」で有名だった。野球は男らしさと闘争精神を試す場。「痛い」は弱さを表す言葉だから、打球が鼻に当たって激痛が走っても「痒《かゆ》い」と言わなければならなかった。これも米国の野球では考えられないことだ。

1896（明治29）年5月23日、一高は横浜の外国人居留地運動場で横浜アスレチッククラブと初の国際試合を行い、予想を裏切る29対4の大差で圧勝した（当初、米国チームは学生野球はまだ未熟、試合をしたら調子が崩れるとして試合を断っていた）。

さらに一高の勝利が続き、野球は国民的スポーツに発展していった。青井の後輩、守山恒太郎《つねたろう》は1902（明治35）年、横浜外国人チームと対戦、4対0で完封勝利。「守山に剛球をぶつけられることは帝国の車に轢《ひ》かれる次に名誉なこと」と言われた。投球練習中に痛めた左肘を治すために校庭の桜の木に左手一本でぶら下がって伸ばしたとの逸話があり、当時の校友会雑誌に「上野の杜にカラスの鳴かぬ日はあれど　守山の姿を運動場に見ざる日はなし」と書かれるほど、猛練習に明け暮れた。

横浜の米国人チームは貿易商、外交官、伝道師たちの集まりで、決してアスリートのような引き締まった体をしていたわけではない。ただ野球に関しては真剣で、日本人チームに負けたことは大きなショックだった。日本の外務省に「日本チームと試合をして欲しい」と懇願され渋々承諾したという経緯があったが、その落胆ぶりは尋常ではなかった。

日本にとってこの勝利は大きな意味をもった。「もし我々が彼らのスポーツで勝てるなら、産業分野でも勝てるに違いない」。こうして一高の野球が今日の野球の基本となった。

一高野球の精神は応援団史「向陵誌《こうりょうし》」や他の文献を通じて甲子園の高校野球に受け継がれた。学生野球では早稲田の監督・飛田穂洲《とびたすいしゅう》（1886～1965）が「一球入魂」「練習常善」という言葉で「死の練習」を課した。

飛田はこう言った。「監督は心の底では選手を愛さなくてはならない。しかし練習の場では監督はできるだけ選手に残酷でなければならない。選手が口から泡を吹きながらグラウンドに倒れ込んだ時こそ、十分な練習をしたと言える」。飛田もまた、野球の基本は武士道精神であり、道徳的に正しい選手だけが傑出した存在になれるとした。

これが日本の野球を性格づけた。まずいプレーには連帯責任。先輩が後輩に暴力をふるった。清原和博はPL学園時代、1年のときから4番を打ったが、新人の年、初めて本塁打を放ってダグアウトに笑顔で戻ると、先輩から「でかい面《つら》するな」と口にパンチを食らった。試合に負けたあと選手がファンの前で深々と頭を下げるのも決まり事である。

日米野球、5つの違い

イチローはMLB殿堂入りを確実にする破格の記録をもつ。彼は日本のヒーローであり、同時に米国のヒーローでもある。大谷は500フィートのホームランを放ち、100マイルの速球を投げる。大谷の人気については言うまでもない。

イチローと大谷のキャリアは、日米間の長い野球交流史の中でも頂点に立っている。その歴史は150年前、米国人教師が野球を日本に紹介したことにさかのぼる。日本人は柔道や空手より長く野球をしてきた。実際、それを発明した米国とほぼ同じくらいの長さで、いまや日本の国技となっている。ある意味、米国内より人気があるのだ。

しかし野球に対するアプローチは日米で全く異なる。これを詳細に検証すれば、二つの国の価値観の違いがはっきりしてくる。メジャーの野球は個人主義と個人の独創力から成り立っており、選手はそれぞれ独自のルーティンをもっている。一方、日本は集団のハーモニー（いわゆる和）を大切にし、コーチがすべてを指示する。

米国の春のキャンプはアリゾナであれ、フロリダであれ、まぶしい陽光の下、練習時間は短く、すべてがゆったり流れる。午後になればゴルフやプールに行く。家族と過ごす時間がある。日本はまだ凍えるような寒さの中、長距離走や猛練習が延々と続く。もちろんそこに選手の家族はいない。米国の選手はこれを「陸軍の訓練キャンプ」と呼ぶ。

日本のプロ野球では試合後の「反省会」も含め、ミーティングが多い。選手は何をすべきか、常に上から指示されていなければならないという考えだ。米国ではミーティングは極めて希で、年1回のチームもある。選手個人個人が何をすべきか分かっていなければならない、という考えが根底にある。その選手にそうした資質があるか、ないかだけの問題。その役割を果たせないなら、他の選手がとってかわるだけのことだ。

日本のプロ野球は、進行が遅く、次に何が起きるかの予想が簡単で監督の指示による犠牲バントが多い。しばしばフルカウントになる。メジャーの野球は個人の独自判断によるプレーが最優先でそこから劇的なホームラン、三振が生れる。

組合のあり方も違う。ＭＬＢＰＡ（選手会）は巨大なパワーをもっている。すでに数回ストライキを決行し、オーナーたちより力があるといわれる。日本の選手会はいわば飲み友達。ストライキはファンやスタジアムの従業員にとってアンフェアな行為であると考える。プロ野球史上、ストが行われたのは1回だけ。2004年、球団数が12から8に削減されそうになって、多くの選手が仕事を失うという危機感からストが打たれた。しかしわずか2日で収拾。選手会は涙で謝罪し、キャンセルされた試合のチケットを持っている人にはお詫びに「野球クリニック」を開くとした。メジャーでは1994年にストが行われ、ワールドシリーズが消滅した。ファンはがっかりしたが、交渉の窓口の1人だったブレーブスの左腕、トム・グラビンはテレビカメラの前で「ファンがどう考えるかなんて関係ないことだ」と言い放った。選手のCM出演や取材に関し、日本は球団がコントロールするが、メジャーは個人の判断に任せている。

コンプレックスが消えた

英国の国営放送BBCが2018年、米国の野球を取り上げた。英国に野球はなく、サッカー、ラグビー、クリケットが主要スポーツだが、大谷物語が米国で大きな話題となり、BBCも見逃すわけにはいかなかったようだ。「日本からやって来た二刀流選手」というタイトルで、4月と5月に大谷が見せた驚くべき結果を「現実とは思えない」「正気の沙汰ではない」と感嘆。「ショーヘイ・オータニはこの星の人間ではない」と書いた。

野球を通じた日米関係は紆余曲折を経てきたが、大谷の出現でさらに新しい局面に入った。戦後間もない1950年代、日本にやって来たメジャーリーガーは日本のプロ野球を「リトルリーグ」と呼んだ。その後、次第に評価を向上させる。王、長嶋が登場するとMLBは彼らをメジャーに欲しいと言い出した。江夏豊、堀内恒夫の名前もあがった。しかし当時は双方の選手をスカウトしないという紳士協定が結ばれていた。

村上雅則の二重契約問題以来30年間、メジャーでプレーする日本人は現れなかったが、1995年、野茂が大旋風「ノモマニア」を巻き起こし、オールスターの先発投手に選ばれると、首相が〝宝〟扱いし、あるテレビ局は野茂のドキュメンタリーを11時間放送。ラジオは野茂の試合をすべて放送した。ただし放送は野茂の投げているイニングのみ。それは日本人の、野茂への強い思い入れの象徴だった。

イチローがシアトルで爆発的な人気を呼び、松井秀喜がニューヨークへ。レッドソックス入りした松坂大輔は2007年、野茂、イチローにもできなかったワールドシリーズ制覇に貢献した。09年には松井がワールドシリーズMVPに輝き、マンハッタンの優勝パレードは松井の名前を叫ぶファンであふれた。

多くの成功物語はそれぞれの場面で日本のメディアから最大級の賛辞を贈られた。この世の終わりか、と思わせるほどのすごさだったが、それはそれで理解できた。日本人の米国に対するそれまでのコンプレックス、特にスポーツの分野を考えると当然だ。太平洋を渡った選手たちが成し遂げたことを認めてほしい、という渇望が日本にはあった。

著名なスポーツジャーナリスト増島みどりは2002年、自身のエッセーでこう書いた。「MLBに日本人の野球ヒーローが誕生したことで、色々な意味で米国に対するコンプレックスが消えて行った」「私たちは世界コミュニティーのメンバーではなかった。江戸時代も、明治時代も。……しかし、今、こうしたアスリートたちは日本社会に芽生えた新しい考え、新しい哲学を代表している」。MLBで日本人選手が成功したことで、日本はクルマを輸出するだけの国ではないと認識され始めた。野茂は日本から最初にやってきた「アイコン」。イチローは尊敬され、松井は愛された。それぞれの選手が成功を収めるたびに、クリアすべきハードルは高さを増していった。メジャーリーガーでさえなしえなかった記録を日本人選手が達成していったあと、大谷が登場した。

最初は懐疑的だった米メディアもバンドワゴン（勝ち馬）に乗った。大谷の人気は全米に広がり、エンゼルスタジアムのグッズは飛ぶように売れた（前年比3～4％増でgood、8％増でamazing〔驚くべき〕との評価基準があるなかで、2桁％の伸びだったと球団は明かした）。見事なピッチングはスタンディングオベーションで迎えられ、大谷は文化的な現象となった。ロサンゼルスでは大谷をエンターテインメントや広告で使いたいという声が上がった。ロサンゼルスのアマゾン・スタジオで働く私の友人は「この子は本当にテレビ向きだ。自然なカリスマがある。スターになれる」と言った。

張本勲は大谷の成功について「日米の野球の実力差が縮まったせいだ」と論評した。これは検証に値する。張本は野茂の渡米時からこう言い続けてきた。村上が渡米した時代の日米のギャップが100だとしたら、野茂が行った時は50か。では今は？　それはまだ判然としない。ただ多くの人が日米の「真のワールドシリーズ」はまだ先だと言う。プロ野球には確かにメジャー級の選手がいる。だがマイナーの2A、1Aクラスの選手も先発に名を連ねている。クロマティも「マイナーレベルの選手が多すぎる」と懐疑的だ。

イチローは尊敬され称賛されたが、彼は足でヒットを稼ぐ「内野安打」の打者。大谷は全く違ったカテゴリーだ。大谷はこれからも成長し、人気が上がるだろう。日本人の米国に対するコンプレックスも、大谷の活躍でついに消滅の方向となった。

大谷は誰に一番似ているのか

大谷がベーブ・ルースと比較されるのは二刀流ゆえだ。ルースの記録を再び振り返ろう。1919年、ルースは130試合に出場。29本塁打、114打点を記録。そのうち投手として17試合に出場（先発は15回）、9勝5敗、防御率2・97だった。

大谷は2018年、DHで104試合に出場。22本塁打、61打点。投手としては10試合に先発し4勝2敗、防御率3・31。靭帯損傷で戦線離脱したが、4月時点の「2勝・3本塁打」はルースでさえなしえなかった快挙だ。

しかし大谷にはルース以外にも比較されるべき優秀な選手がいる。米ESPNのアナリスト、サム・ミラーは過去のメジャーリーガーと徹底比較し、打者・大谷は元オリオールズの強打者ブーグ・パウエルに似ていると結論づけた。鋭いライナーを放つ一塁手で、25歳だった1966年には打率・287、34本塁打、109打点を記録してMVPの3位にランクされた。17年間で339本塁打（通算100位）、打率・266。71年にはオリオールズの一員として来日。オールスターも4回出場している。

投手なら元SFジャイアンツのティム・リンスカムだ。24歳だった2008年に18勝5敗、防御率2・62でリーグ最高勝率・783をあげた。最速99・3マイル（159・8キロ）の速球を投げ、サイ・ヤング賞2回、ノーヒットノーラン2回、ワールドシリーズでも世界一に貢献した。身長178センチ、73キロと大谷より遥かに小柄だが、剛速球など似ている部分が多かった。ミラーは「あのバットボーイのような華奢《きゃしゃ》な体で98マイル以上の速球を投げたこと自体が驚嘆に値する」とした。リンスカムは30歳で腕を痛め、通算110勝に終わったが、ピーク時はメジャー最高の投手の1人だった。

この2人はまだ殿堂入りを果たしていないが、大谷がこの2人の資質を統合した選手になれば、これはもう間違いなく殿堂入り候補だ。

私が思うにもう1人、大谷に似た選手がいる。SFジャイアンツのスラッガーだったウィリー・マッコビーだ。1960年代から70年代にかけて活躍した強打者で、6フィート4インチ(193センチ)、200ポンド(91キロ)。身長、体重は大谷とそっくり同じ。脚が長いのも似ている。左打ちで本塁打521本。歴代20位で、バリー・ボンズに抜かれるまで左打者の最多本塁打記録を保持していた。大谷も左打ちだ。マッコビーは現役生活22年。資格を取得した最初の年(86年)に殿堂入りを果たした。大谷も将来の殿堂入りを予想されている――ただ、これだけは時間をかけて見守る必要があるが。

マッコビーは、同じく殿堂入りしたウィリー・メイズとともにジャイアンツ打線の中軸として相手投手を震え上がらせた。1969年、打率・320、45本塁打、126打点でナ・リーグMVPに輝く。誰よりも強く球を打ち返し、ライナーも鋭かった。殿堂入りを果たしたレジー・ジャクソン、ボブ・ギブソンは[*1]「野球界で最も怖い打者」といい、ドジャースの監督ウォルター・オルストンは鋭いライナーに「神業だ」と唸った。

マッコビーは1962年のヤンキースとのワールドシリーズ第7戦で最後の打者になったことで人々の記憶に残っている。サンフランシスコのキャンドルスティックパーク。0−1と1点リードされたジャイアンツは9回2死二、三塁。ヒットで逆転サヨナラ勝ちのチャンスで打席に立ったマッコビーは唸りを上げるような強烈なライナーを放ったが、ボビー・リチャードソン二塁手にキャッチされてしまった。あれが二塁手の頭上を抜けてさえいれば、と今も語り草だ。カリフォルニア北部で育った私にとってマッコビーは英雄だった。彼の勇姿をキャンドルスティックパークで見たこともある。

1970年にロッテがジャイアンツを日本の春のキャンプに招待した時、私はマッコビーの特大ホームランを目撃した。打たれた投手は失投したことにいたたまれず一目散にダグアウトに引っ込んだ。150メートルの大飛球が着地したのはそのあとだった。

物静かで恥ずかしがり屋だったマッコビーは、晩年は脚が不自由となり車椅子の生活が続いた。2018年10月31日に80歳で帰らぬ人となった。彼は1996年、サイン会や記念品を売って得た金7万ドルを申告しなかったとして脱税容疑で有罪判決を受け、2年の保護観察と罰金5000ドルを言い渡されたが、2017年に退任直前のバラク・オバマ大統領から恩赦を与えられた。これは決して罪が消えたということではなく、払った罰金が戻ってくるわけでもなかったが、保護観察期間中、いい市民だったとの証を得、投票権の一部回復やオフィスを構えることを許された。

大谷が球場内でのマッコビーになれるよう、同時に球場外でのトラブルに巻きこまれないよう祈ることにしよう。

オースマス新監督の特徴

2019年からエンゼルスの指揮をとるブラッド・オースマスとはどんな人物か。大谷にはどんな影響があるのか。そんな疑問に答えておきたい。

＊1　1935年生れの元投手。カージナルスで1968年に防御率1・12、22勝（うち13勝は完封）で二冠、同年チームはナ・リーグ優勝。野球殿堂入り。

彼は1993年から2010年までの18年間、メジャーの4球団で捕手として活躍した。メジャー通算打率・251、80本塁打。守備の達人でゴールドグラブ賞を3回受賞。1999年にはオールスターに選出された。刺殺数1万2839回はメジャー歴代3位だ。

オースマスはメジャーリーガーとしては数少ない、アイビーリーグのダートマス大学出身。同リーグはスポーツより学問を優先させる。日本でいえば東大出の選手がプロ野球でプレーするようなものだ。2010年にスポーティングニュース誌は、オースマスを「スポーツ界で9番目に頭脳明晰な選手」に選出した。ユダヤ系メジャーリーガーの1人でもある。これはアイビーリーグ出身者同様、非常に珍しい。

フィールディング（送球や捕球）がうまく、パスボールはめったになかった。打者を打ち取る配球に長け、野球に関する知識の豊富さで現役時代から将来の監督と目されていた。

2013年にWBCでイスラエルチームの監督を務めた後、タイガースの監督に就任。4年間で地区優勝が1回。最終年の17年は64勝98敗で、監督失格の烙印《らくいん》を押された。通算戦績は314勝332敗だった。

タイガース時代のオースマス監督は評論家たちから、「古いタイプの監督のように、先発投手を引っ張り過ぎる。リリーフの起用法に柔軟性がない」と批判された。「積極性に欠け、ここぞというときにガッツがない。チームを支配するより、選手を喜ばせる方に気が回っている」ともいわれた。クールでドライな態度（闘争心の欠如）や、アイビーリーグ出身者特有の奇妙なユーモアセンス、「負けが込んだときには妻を殴るんだ」といったジョークは受け入れられなかった。

ただ、２０１７年にタイガースが弱かったのはジャスティン・バーランダー、デビッド・プライス、マックス・シャーザーのサイ・ヤング賞投手３人と、好打者のイアン・キンズラーらを放出していたことが大きな理由で、手駒の割によく戦ったとの声もあった。

２０１８年シーズンはエンゼルスのアナリストとしてビリー・エプラーＧＭのそばで過ごした。エンゼルスの監督選びが最終段階に入ったとき、オースマスは「データを優先する現代風の監督になれるよう努力する」とエプラーＧＭに約束したという。

捕手として毎日歯を食いしばりながら戦った粘り強さと、コンピューターを駆使する現代風采配。「古さと新しさがうまくブレンドされた」監督になれるかが課題だ。まだ49歳。若手とのコミュニケーションは大丈夫。トラウト、アプトン、プホルス、シモンズ、そして大谷が揃った。投手陣が18年のように崩壊しなければ、いい戦いができそうだ。

日本メディアの扱いと大谷の処遇

さて、普段は愛想のいいオースマス監督だが、大谷を毎日追いかける日本の活発なメディアとどう付き合うか。これは大きなカギとなる。彼がＥＳＰＮの雑誌に書いたエッセーに、そのあたりのヒントがあるかもしれない。以下引用すると――「カメラのライトがともり、口元に無数のマイクが並び尋問が始まる。質問、また質問。同じ質問の繰り返し。遅れてきたリポーターが全く同じ質問をすることもある。そして能力や決断が解剖される。まるで芝刈り機の修理人が自動車整備工に『車を直せるか』と聞いているようなものだ。それが水責めの拷問のように20分以上続く。滴がポタリ、ポタリと落ちる。デレク・ジーターやアルベルト・プホルスはこの手の尋問に春先からシーズン終了まで耐えなくてはならない。７カ月半、週末の休みもなく、ポタリ、ポタリ、ポタリ。ＥＳＰＮは24時間放送。リポーターやブロガーが以前にも増してクラブハウスに押し寄せる。彼らの不法占拠と監視は過去にない厳しさだ。ブラッド・ピットなら撮影の合間にトレーラーに入って記者をシャットアウトできるのに」。オースマス監督は、多くの選手は新聞を読まないし、テレビを見たりラジオを聴いたりしないと付記した。

大谷に関する話ならどんな些細なことも見逃さず日本に届けようとする日本メディアが

連日120人以上。オースマス監督はこの「侵入と監視」を決して快く思わないだろう。しかし、オースマスはきっと大谷を好きになるに違いない。トム・ラソーダは野茂を、ルー・ピネラはイチローを心から好きになり、勝利に貢献するたびにほおに大量のキスを浴びせた。大谷はセイバーメトリクスのwRC+（打者が打席あたりに産み出す得点力の大きさ）が152。メジャー全体で、18年シーズンに350打席以上に立った選手の中で8位だった。この基準は160が最高で、140が「非常にいい」。115以上が「平均以上」。左投手に弱いという評判もシーズン終盤に払拭された。

2019年の大谷が大きな故障をせずフルシーズン戦えれば、40本塁打、100打点は可能だろう。オースマスが大谷に最初のキスを浴びせるのはいつだろうか？

そして新監督のもとで大谷はどう処遇されるか。現在、チームを掌握しているのはエプラーGMだ。大谷に二刀流を確約したエプラーGMがチームにいる限り、大谷の2019年以降に大きな変化はないことも確かだ。

黒いドレスの女

最後に、小説『ザ・ナチュラル』（1952年）を紹介したい。

バーナード・マラマッドのデビュー作で1984年、ロバート・レッドフォード主演で映画化された（邦題は『ナチュラル』）。ロイ・ハッブスという野球選手のフィクション。ネブラスカの農家に生れたロイは生来の天才で、投手としては炎のような球を投げ、打者としても非凡な才能に恵まれていた。しかも信じられないほど純粋だった。19歳のときにベーブ・ルースと思しき打者から三振を奪い、一躍スターになった。

しかし、プロを目指してトライアウトに向かう夜汽車に乗ったときに知り合った黒いドレスの女に誘惑され、拳銃で腹を撃たれた。黒い服の女は野球スターに対して病的な強迫観念を抱いていた。ハッブスの選手生命が絶たれ、世間の視界から消えた。

それから15年後、34歳になったロイが突然、メジャーの舞台に「オールドルーキー」として戻って来る。「ワンダーボーイ」というお気に入りのバットでヒットを重ねチームの連勝に貢献。映画版はここから、高校時代の恋人と再会、クライマックスシーンでホームランを放ち引退、そして幸せに暮らしました、というハッピーエンディングだったが、小説では、記事を書くより選手の私生活を暴くのが得意というシニカルなスポーツ記者マックス・マーシーが、ハッブスの暗く、くすんだ過去を暴き出そうとし、野球生命は危機にさらされる。小説ではハッブスの強欲さも描かれた。

ポイントは、ハッブスが「パーフェクト（完璧）」すぎたこと。マーシー記者はその完璧さを理解はできたが、ついに額面通り受け取ることができなかった。

ハッブスはアーサー王と円卓騎士ランスロットのそれぞれの栄光と没落を彷彿させる。どちらも英雄だが、最後は自らの欲望によって堕ちていく。ロイ・ハッブスはラテン語の「英雄」と「馬」から成り立っており、騎士道の理想像を想起させる。「ワンダーボーイ」はランスロットの強さ、アーサー王の聖なる剣「エクスカリバー」に象徴される目に見えない力を兼ね備えているが、どちらも最後は自らの性格の欠陥から危機に陥るという共通点がある。「完璧さ」はあくまでかなわぬ夢。すべての人間に欠点があり、それがいずれは自己崩壊につながる運命にあると説いている。

この作品の主人公が大谷を彷彿させるのだ。naturalは「天性の素質がある人、成功間違いなしの人」を意味する。大谷はロイ・ハッブスだ。2018年4月の終わりごろ、すでに騒ぎは「ノモマニア」を二乗するほどになっていた。純粋で、タバコも吸わない。女性を追いかけることもしない。誰もが認める大きな足跡を、1年目にしてメジャーに残した。完璧というほかないだろう。

ロイ・ハッブスは実在の人物ではなかった。しかし大谷の出現で『ザ・ナチュラル』がついに実現したように見える。〝大谷物語〟の完成までには2年以上を要する。黒いドレスの女が大谷の前に現れないことを祈ろう。

25本塁打、打率・273？

私は2019年の予想を日本外国特派員協会の新聞に書くよう依頼され、次のように答えた。「大谷翔平は今季40本塁打し、彼の人生を描いたハリウッド映画が製作され、テイラー・スウィフトと親密になる」。これは半分冗談で半分本気だ。大谷の才能、ルックス、スターとしてのパワーは本物。スウィフトに有名人を追いかけるクセがあることを考えると、3つのことすべてが起きる可能性はある。過去に英俳優トム・ヒドルストンがスウィフトの追っかけの犠牲になった。スウィフトが大谷の歌を作ることだってあり得る。

私は2019年が大谷の打撃面での素晴らしい年になると信じている（ただ、それがかえって彼に不利に働くと危惧もしている。後述）。昨年、大谷は健康な状態の時に投手として最高スピードを出し、誰にも打てない球を投げるとともに、打者としてもトップ10に入る打撃を見せた。共同通信によると、左打者・大谷のバットからボールが飛び出すスピードは92・6マイル（149キロ）で、これはメジャー11番目だそうだ。（ちなみに故障前の右腕・大谷の速球の平均スピードは時速96・8マイル（155・8キロ）。MLB公式サイトによると、これはヤンキースのルイス・セベリーノ（97・7マイル、157・2キロ）に次いで2位だという。）

ファングラフスは19年の打者のランキングを発表。大谷はトップ20に入るとし（1位は大谷の同僚マイク・トラウト）、113試合で25本塁打、打率・273と予想した。この113試合というのはかなり控えめな数字。大谷が昨季シーズン終了直後に受けたトミー・ジョン手術からすぐには回復せず、ロスター入りが遅れるという予測に基づくものだ。それは当たっていたかもしれない。19年2月中旬、オースマス監督は大谷の復帰が開幕には間に合わず、5月頃となる可能性を示唆した。ファングラフスの数字が信憑性を帯びてきた。

チームの勝率とファンの希望

さて、大谷が二刀流の継続を目指しているのは誰もが知るところだが、今季大谷が「打」で大暴れし、メジャー屈指の強打者の地位を確保した場合、首脳陣は、2020年に投手としてカムバックした大谷を以前と同様に起用したいと思うだろうか？　仮に18年の大谷起用法に戻った場合、大谷の打席は1週間に3、4試合に限られる。これは大きな損失だ。WARで見ると、大谷が投打の二刀流を貫いた場合、シーズンをフルにDHで出場した場合よりWARが低くなる可能性が高い。大谷が投手としてマウンドに上がって勝利に貢献しても、打線に大谷がいない損失の方が大きくなる懸念があるのだ。ルースが投手をやめて打者1本に絞ったのもそうした理由からだった。

ではファンはどちらの大谷を見たいのだろうか? ファンが見たがっているのは、500フィートの本塁打を放ち、同時に100マイルの速球を投げる大谷だろう。それこそがファンの願いだ。米国のボクシング専門誌『リング・マガジン』がこう綴った。「大谷はまさに野球界の夢だ。スポーツ界に爽快なマジックをもたらした。地球上で最も攻撃的な選手と、最も守備力のある選手がペアになってもできないことを、1人でやってのけている。単なる野球選手ではなく、我々の記憶の中でも先例のない驚異のアスリートだ」。

「大谷効果」の将来

野茂、イチロー、松井、田中、大谷。誰が最も素晴らしいのか、まだ答えが出ていない。今後、メジャーにスイッチヒッターで左右どちらでも投げられる選手が出現し、年間64試合に先発する、などという時代が来ることはあるのだろうか。

先述のロバート・オアーは言った。「松井やイチローの成功を見ると、『ピープル・パワー』は『リーダー・パワー』より優れた結果を出せると分かる」「スポーツで海を渡った日本人選手が日本人に与えたインパクトは非常に大きかった。21世紀の初めまでに数百万の日本人が早朝にMLBの試合を観戦した。週末は欧州サッカーを観た。さらに、多くの日本人が実際に試合を観た。その過程で彼らは他国の文化に触れる機会を得た」。

変化はスポーツ以外の分野でも見られるようになった。野茂以前ではタブーだったヘッドハンティングやジョブホッピングという西欧の個人主義が日本社会でも受け入れられるようになった（スポーツ選手が髪を染めるのも批判の対象ではなくなった）。

青色発光ダイオードを発明した電子工学者、中村修二は後にノーベル物理学賞を受賞するが、日本の企業に勤めていた時代の発明の対価として2万円のボーナスを提示されたことに反発。特許権など20億円を支払うよう裁判を起こしたことで有名になった（最終的に8億4000万円で和解）。同じような裁判が日立など他の企業で起きた。

これらを単にグローバル化の波の中で避けられない出来事に過ぎないと言うこともできる。しかしこれを野茂効果、あるいはイチロー効果と呼ぶこともできるかもしれない。彼らの一連の行動は、成功を収めるために、グループの一員として身を粉にして働いたり、大きな会社に所属したりする必要はないのだということを日本人に教えた。自分を信じ、勇気をもって行動することで得られるメリットを身をもって示したのだ。

同時に、日本人の米国人に対する態度も変わってきた。世論調査によると21世紀の日本人は、子供たちに国際結婚をさせたがるようになってきたという。外国人が日本の企業で働くことにも積極的だ。プロ野球のオーナーでさえ、２０００年前後に外国人監督を受け入れた。ボビー・バレンタイン、トレイ・ヒルマンが優勝監督になり、ヒーローになった。２０１８年からはアレックス・ラミレスがＤｅＮＡを率いている。

２０１１年3月に起きた東日本大震災では、米軍が「トモダチ作戦」という災害救援活動を行ったが、この時も野球は重要な役割を果たした。各地の在日米軍基地から2万４０００人の兵士が動員され、航空機１８９機、軍艦24隻が出動。作戦には９０００万ドル（当時72億９０００万円）が投じられた。同年11月には、元大リーガーで「鉄人」といわれたカル・リプケンが岩手県大船渡《おおふなと》市を訪れ、地元中学の野球部員約70人を対象に野球教室を開いた。リプケンは米国務省のスポーツ特使として来日。２２１５試合連続出場の記録を持つ日本の〝鉄人〟衣笠祥雄もこれに同行した。彼らは球場の修復も手伝った。

こうした物語の教訓として言えるのは、変化は予想もしない形でやって来ること、そして、変化は必ずやって来るということだろう。過去に「ジャパン・インク（日本株式会社）」

「ジャパン・バッシング（日本叩き）」はとてもポピュラーな言葉として日常会話に登場していた。だがもう耳にすることはない。米国人は日本映画、ビデオゲーム、アニメ、漫画、ファッション、デザインの話題に夢中だ（それにハローキティも）。

そうした現象の裏に野球があったことに感謝したい。

総括するなら、野球こそが日米両国を近しい存在にしたと私は信じている。日米関係を見る上でのプリズムとしても役立っている。お互いに何かを学び合うものが、常にあるということも教えてくれた。こうした関係の延長線上に今のメジャーとプロ野球がある。そしてここで、大谷翔平の天才が開花したのだ。

大谷はこれから、私たちにどんな〝歴史〟を見せてくれるのだろうか？

【2021年シーズンMVP受賞に寄せて】

ショウヘイ・オオタニ、君はようやくしかるべき地位を手に入れた。本当におめでとう。君の太陽のような性格は皆を惹きつける。フレンドリーで笑顔を絶やさず、文句は言わない。気前もいい。オールスターのHRダービーの賞金をスタッフに贈呈したことは有名だ。

さて、いま君が真剣に考えるべきなのは他球団への移籍だ。今季投手としては9勝2敗だったが、もっと打線のサポートがあれば13勝2敗でア・リーグMVPだけでなく、サイ・ヤング賞受賞のチャンスもあっただろう。ともかく私は君に、ビッグな移籍契約を勧める。

真の二刀流が可能だということを絶大な説得力をもって証明した君なら、どこの球団だって毎日でも投打で起用してくれるはずだ。そして年俸4千万ドル（約46億円）も楽勝だろう。いや、どうしても今の契約を全うしたい、と言うなら、エンゼルスに〝勝てるチーム作り〟をさせることだ。しかし、それが実現する可能性は限りなく低いだろう。

MLB選手がこれほど世界中のメディアに取り上げられるチャンスはほかにない。いま君は、あらゆる野球選手が最大の目標とする「ワールドシリーズ優勝」を目指すべきだ。悲しいことにそれを叶えるチームはエンゼルスではない。君ほどの突出した才能は、アナハイムのローカルな球団ではなく、もっと大きな市場に身を置くべきなのだ。

さもなければアーニー・バンクスと同じく、本塁打王に輝く遊撃手で野球殿堂入りしながらも、ポストシーズン出場経験がないような選手に終わってしまう。エンゼルスにいる限り、君がワールドシリーズという大舞台に立つ日はやって来ないのではないだろうか？

英断に期待したい。そしてこれからもずっと、もっと大きな夢が実現していくのを、私を含むファンに見せてほしいと願っている。

ロバート・ホワイティング Robert Whiting
1942年米ニュージャージー州生まれ。
米空軍に入隊し、62年諜報任務で初来日。
除隊後、上智大学で政治学を専攻。
77年、野球を通じて日米文化の違いを描いた
『菊とバット』がベストセラーに。
『和をもって日本となす』、『東京アンダーワールド』など著書多数。
2018年、自伝ともいえる『ふたつのオリンピック』を上梓した。

阿部耕三 あべ・こうぞう
1948年生まれ。早稲田大学文学部英文科卒。
96年から夕刊フジ・ロサンゼルス特派員として2年間大リーグを取材。
2007年から著者のコラム「サクラと星条旗」の翻訳を担当。
著者とは『菊とバット』刊行以来の付き合い。

NHK出版新書 579

なぜ大谷翔平はメジャーを沸かせるのか

2019年 3 月10日 第1刷発行
2021年12月10日 第2刷発行

著者 ロバート・ホワイティング
訳者 阿部耕三
発行者 土井成紀
発行所 NHK出版
〒150-8081東京都渋谷区宇田川町41-1
電話 (0570) 009-321(問い合わせ) (0570) 000-321(注文)
https://www.nhk-book.co.jp (ホームページ)
振替 00110-1-49701

ブックデザイン albireo
印刷 壮光舎印刷・近代美術
製本 二葉製本

Printed in Japan ISBN978-4-14-088579-6 C0275

NHK出版新書好評既刊

世界史を「移民」で読み解く
玉木俊明
文明の興亡、産業革命と列強の覇権争い、ヨーロッパ難民危機……。「人の流れ」はいかに歴史を変えたのか!? 経済史研究の俊英が明快に説く!
575

学校では教えてくれない! 英文法の新常識
鈴木希明
「学校英文法」の世界は、時代と共に大きく変化している! 多くの人が高校時代に習った古い情報と比べながら読み解く、目からウロコの現代英文法。
576

さまよう遺骨 日本の「弔い」が消えていく
NHK取材班
遺骨・墓問題に翻弄される人々の声を広範かつ丹念にすくい上げたNHK取材班が、「無縁化」する社会における弔いの最近事情をリポートする。
578

なぜ大谷翔平はメジャーを沸かせるのか
ロバート・ホワイティング
大谷が花開いたのは先達の苦闘があったからだ。愛憎のエピソードを軽妙に描きながら「大谷現象」とその背景を解き明かす、唯一無比の野球論!
579

自閉症という知性
池上英子
「普通」って何だ? 世界の「見え方・感じ方」が異なる自閉症当事者たちを訪ね、「症状」という視点からは理解できない、驚くべき知性を明らかにする。
580